Dr. Iñaki Vázquez Fernández

¡QUE SE JODA LA REALIDAD!

editorial Sirio, s.a.

Diseño de portada: Maria Pérez-Aguilera

© Iñaki Vázquez Fernández

© de la presente edición

EDITORIAL SIRIO, S.A.	EDITORIAL SIRIO	ED. SIRIO ARGENTINA
C/ Panaderos, 14	Nirvana Libros S.A. de C.V.	C/ Paracas 59
29005-Málaga	Camino a Minas, 501	1275- Capital Federal
España	Bodega nº 8,	Buenos Aires
	Col. Lomas de Becerra	(Argentina)
	Del.: Alvaro Obregón	
	México D.F., 01280	

www.editorialsirio.com
E-Mail: sirio@editorialsirio.com

I.S.B.N.:978- 84-7808-672-6
Depósito Legal: B-26-910-2010

Impreso en los talleres gráficos de Romanya/Valls
Verdaguer 1, 08786-Capellades (Barcelona)

Printed in Spain

Para mi *amama*, por su infinita lucidez.
Para mi madre, por confiar siempre en mí.
Y para Marta, por todo su apoyo.

Todas las historias que se relatan en este libro pertenecen a personas reales. Algunas fueron relatadas directamente por sus protagonistas y otras pude compartirlas con ellos en primera persona. Se han cambiado los nombres y también algunos detalles a fin de mantener la necesaria privacidad, pero he de decir que a aquellos a los que consulté me otorgaron con orgullo el permiso para que dejara sus verdaderos nombres.

A ellos, y a todos los que con su generosidad infinita han hecho posible este libro, mi más sincero agradecimiento.

1

Arturo,
el *Perseguido*

Aquella mañana, la del día en que Arturo perdió la razón, amaneció con un sol espléndido.

Le gustaba apoyar la espalda contra la pared cuando tocaba en la calle, pero los edificios de la nueva ciudad eran más fríos y en ocasiones notaba la humedad del musgo que crecía en las zonas sombreadas. Quizá era el calor lo que más añoraba de vivir en el pueblo. Recordaba con frecuencia el día en que se marchó, dejando en la estación a su padre, con un gesto de honda preocupación, y a su hermana pequeña, que no entendía por qué su hermano se marchaba tan lejos para estudiar algo cuya utilidad desconocía. Cuando se giró en el asiento del tren a mirarlos por última vez, tuvo que entrecerrar los ojos para no ser deslumbrado por la claridad. En la imagen que quedó grabada en su retina, apenas podía adivinar el grueso corpachón de su padre y las dos coletas desiguales de su hermana, pero se sintió reconfortado por el calor y el rítmico traqueteo, que le acompañaron sin descanso hacia su nuevo y prometedor destino.

No había vuelto a sentir aquella luminosidad cegadora, y cuando alzaba la mirada con anhelo, su vista tropezaba con un cielo permanentemente encapotado. Pero como digo, aquella mañana amaneció con un sol espléndido.

Quitando los pequeños inconvenientes de su adaptación a la ciudad, se sentía más que satisfecho. Agradecía a su padre que, a pesar de considerarle bastante inmaduro para sus recién cumplidos dieciocho años, le hubiera dejado ir a estudiar a otra provincia. Y si bien no acudía con demasiada frecuencia a las clases de la Facultad de Bellas Artes, rendía lo suficiente como para que su progenitor le sufragara las necesidades básicas.

Vivía en un piso pequeño de la parte vieja de la ciudad lleno de muebles antiguos que él había sabido decorar con sus pertenencias, aportándole un nuevo estilo. Arturo era alto y moreno, y aunque había perdido algo de peso y el color tostado de su piel, su figura enjuta emanaba un particular atractivo.

Era cierto que había descuidado su alimentación y los estudios, pero invertía todo ese tiempo en lo que había sido desde siempre su gran pasión: la música. Tocaba la guitarra desde muy temprana edad y había aprendido a modular su voz con un resultado más que notable. En secreto soñaba con poder vivir de la música, y aunque sabía lo difícil que resultaba aquello, no perdía la oportunidad de practicar siempre que podía. Con frecuencia recorría las calles, guitarra al hombro, para detenerse a tocar en cualquier esquina y la gente ya había empezado a fijarse en su voz aterciopelada.

De momento no era más que un sueño. Sabía que debía centrarse en sus estudios, pero le invadía la sensación de estar perdiéndose algo si permanecía demasiado tiempo entre libros. Prefería salir, conocer otras personas, discutir de filosofía, arte, amor, impregnarse de nuevas experiencias y en definitiva, como le gustaba decir, vivir la vida.

Dejando a un lado las *exageradas* dudas de su padre y los inconvenientes de su recién estrenada independencia, Arturo estaba feliz. Veía delante de sí un periodo sembrado de oportunidades que, estaba seguro, no iba a desaprovechar. Se sentía afortunado, y su estado de ánimo y su intuición le decían que todo podía ir incluso mucho mejor...

Aquella tarde salió como de costumbre. Con un gesto automático cargó la guitarra a su espalda antes de cerrar la puerta y bajar sin prisa por las escaleras. Al llegar a la calle se sorprendió de sentir un inesperado calor en el rostro, que le hizo despertar gratos recuerdos. El día estaba curiosamente despejado y lucía un sol brillante al que no pudo evitar sonreír con complicidad. Entonces se dio cuenta de que vestía demasiada ropa. En realidad llevaba la misma desde hacía varios días, pero juzgó innecesario subir a cambiarse. No iba a permitir que nada estropeara ese momento, así que continuó su camino perdiéndose entre las calles. «Por fin un día de pleno sol», pensó. ¡Eso sí que era una buena señal!

Al llegar al casco viejo encontró a varios chicos sentados en unas escaleras entonando canciones y bebiendo cerveza. No los había visto antes, pero en unos segundos sacó su guitarra y se acercó a ellos haciéndola sonar con habilidad. Enseguida le hicieron un sitio en el grupo y entablaron una animada conversación. Le contaron que venían de un pueblo próximo, que habían llegado en tren esa misma tarde, y que estaban deseosos de conocer la ciudad y pasar una noche de fiesta. Arturo se ofreció sin dudarlo como seguro anfitrión dispuesto a desentrañarles los secretos de la ciudad, lo que todos agradecieron y celebraron brindando alegremente.

Las horas pasaron entre risas, canciones y cerveza, y casi sin darse cuenta empezaron a asomar las primeras luces del amanecer. Algunos de los muchachos, vencidos por el cansancio y el alcohol, se habían rendido al sueño y descansaban sobre el mullido césped de un parque. Pero no era el caso de Arturo, que resistía incansable con dos de los chicos con los que, según había descubierto, tenía una gran afinidad. ¡Era tan maravilloso encontrar a personas con las que compartir inquietudes y ahondar en los misterios de la vida...!

Pero por mucho que quisieron evitarlo llegó un momento en el que el sueño comenzó a reclamar su sitio y descansar se hizo más que necesario...

—¡Dormiremos en mi casa! –dijo Arturo con entusiasmo.

—¿De verdad nos invitas a dormir en tu casa? –preguntaron los chicos con sorpresa.

—¿Para qué están los amigos si no? ¿O es que preferís dormir al raso?

—¡De eso nada! –exclamaron al unísono.

Se encaminaron hacia el piso de Arturo con aire despreocupado, pero entonces sucedió algo. Algo que en otro momento no hubiera tenido la menor importancia, una mera anécdota en una noche llena de buenas experiencias, pero que quedó extrañamente fijada en la mente de Arturo, como un chispazo en la retina: al doblar una esquina, uno de los chicos tropezó con otro que caminaba en dirección opuesta, en compañía de varias personas más...

—¡Ten cuidado! ¿Es que no ves por dónde vas? –le espetaron los extraños.

Arturo y los dos chicos se quedaron un tanto sorprendidos por la respuesta desproporcionada.

—¡Tranquilos, que no ha sido para tanto! –dijo el que había tropezado.

—¡Iros a la mierda, gilipollas! Si no queréis que os pase algo...

Y reanudaron la marcha como si nada hubiera sucedido.

¿Qué habían querido decir con eso de «que os pase algo»? ¿Y por qué esa reacción? Esas dudas quedaron flotando durante unos momentos en la mente de Arturo. «Qué más da», pensó. Y acto seguido hizo un gesto con la mano como queriendo desechar aquellos indeseados pensamientos de su cabeza. Sin embargo, en contra de su voluntad, no pudo conseguirlo del todo.

Reanudaron su camino a casa. Los otros chicos continuaron hablando y riendo las últimas bromas, hasta que llegaron al portal. Arturo metió la llave en la cerradura, pero, antes de girarla, se vio impelido a volver la cabeza y mirar atrás: algunas personas comenzaban su jornada con aire cansino y varios coches reflejaban los primeros rayos de lo que parecía otro día soleado. Juzgaba innecesario aquel gesto pero... ¿qué hacía ahí esa furgoneta blanca?... «Tonterías, Arturo –se interrumpió en voz alta–; no dejes volar tu imaginación y sube al piso. Creo que definitivamente necesitas un descanso...»

Durmió de un tirón y al despertar se sintió alegre por el recuerdo de otra noche divertida y enriquecedora. Se acercó al pequeño salón para saludar a sus dos nuevos amigos, que habían tenido que dormir en el incómodo sofá-cama, pero al llegar no estaban allí. Supuso que habrían bajado a comprar algo para desayunar, así que fue hacia la ventana y se asomó en dirección a la panadería. Tampoco los vio. «Pero, un momento –se dijo–. Esa furgoneta blanca ¿no es la que estaba ayer?...» De pronto recordó lo sucedido al final de la noche y un escalofrío le recorrió la espalda: «Que os pase algo...». Esas palabras volvieron a su mente con inusitada viveza. Se acercó con rapidez a la mesa; entre el montón de libros y ropa rescató un papel y un lápiz, y se apresuró a anotar la matrícula de la furgoneta. Quizá todo aquello no tenía ninguna relación, pero una extraña intuición le decía que lo sucedido el día anterior y la furgoneta blanca podían tener algo que ver. ¿Y acaso no son las intuiciones las que nos indican muchas veces la dirección correcta?

Decidió esperar a sus dos amigos, y pensar en ellos le ayudó a tranquilizarse un poco. ¡Qué buena sintonía nacía a veces entre las personas! Noches como aquella podían hacer surgir amistades que duraran para siempre... «Y también enemistades...», se dijo a sí mismo sin poder evitarlo.

Pasaron los minutos y los dos chicos no daban señales de vida. Se impacientó. No quería mirar por la ventana, pero ante la demora, lo hizo. Se quedó apoyado en el quicio durante un rato, sujetando la cortina con la mano. La calle era céntrica y a esas horas estaba especialmente concurrida. Las personas pasaban con bolsas; algunas se paraban y charlaban entre sí. Había algunos niños –era sábado y no había colegio–, y reparó en que uno de ellos le observaba desde la calle. Cruzaron las miradas. El niño bajó la vista y fue a reunirse con otros. De pronto, alzó los ojos y le señaló, y todos los demás niños le miraron también. Sin saber por qué, el miedo se apoderó de Arturo, que corrió rápidamente la cortina y se agachó. Respiraba con dificultad y el corazón le latía con fuerza en el pecho. Abrió una pequeña rendija y volvió a mirar a la calle. Los niños se habían ido y, sin desearlo, confirmó que la furgoneta blanca permanecía aparcada en el mismo lugar.

Habían pasado casi tres horas y sus amigos no habían vuelto. Notó que tenía hambre y se dio cuenta de que aún no había desayunado. Se dirigió a la cocina. Recordaba que tenía algunos bollos en la nevera. La abrió. Estaba prácticamente vacía, lo que no era una novedad, pero no pudo encontrar los bollos. Rebuscó por otros estantes de la cocina. Nada, ni rastro. Es más, juraría que faltaban algunas otras cosas de comer. Salió al salón. Si faltaba comida –argumentó–, también era posible que faltaran otros objetos. Echó una mirada. Había mucho desorden y era difícil saber de forma rápida si había desaparecido algo más. De ser así, ¿quién podía haberlo hecho? «Sólo alguien que haya entrado cuando yo no estaba... O puede que alguien que haya estado conmigo en casa...» Pensó en los chicos que habían dormido esa noche con él: «Es imposible, ésos son mis amigos... Mis amigos...». Se quedó pensando durante un instante. Súbitamente recordó lo sucedido el día anterior. Uno de ellos había tenido el encontronazo, y al momento siguiente parecía que nada hubiera sucedido. ¿Y si ya se conocían de antes?

Era absurdo. Estaba yendo demasiado lejos y todo eso debía de tener una explicación mucho más sencilla. Únicamente estaba cansado y no podía pensar con claridad. «Puede que se conocieran de antes...», oyó a su pensamiento decir otra vez en su cabeza, y entonces...

—¡Arturo, ten cuidado!

¿Quién había dicho eso? Lo había oído con total nitidez, pero esa vez no era su pensamiento el que resonaba en su cabeza. Se giró en redondo buscando con ansia en todas direcciones, pero sabía que no había nadie más en la casa. No, en esa ocasión no había sido su pensamiento. De eso estaba seguro, completamente seguro. Y esa certeza le aterrorizó.

Todo lo que estaba pasando era muy extraño. Demasiadas cosas que no cuadraban. Algo sucedía y sentía que no era capaz de unir todas las piezas de un puzle aún confuso. Intuía que la solución a ese enigma flotaba delante de él, pero por más que se esforzaba, ésta parecía escurrírsele entre los dedos.

Como impulsado por un resorte, decidió ponerse en marcha. Quizá no sabía con claridad qué era lo que estaba sucediendo, pero de lo que sí estaba seguro era de que podía estar en peligro. Se dirigió a la puerta y cerró con llave. No le pareció suficiente. De forma intuitiva (¿dónde había aprendido eso?), rompió la llave dentro de la cerradura y tiró la otra mitad. Con esfuerzo arrastró la mesa del comedor y la apoyó sobre la puerta, amontonando sobre ella todos los libros que encontró por la casa.

—Muy bien Arturo, lo estás haciendo muy bien...

Acto seguido se quitó toda la ropa (apenas llevaba puestos los calzoncillos y una camiseta) y la tiró a un rincón. Empezó a examinarse el cuerpo. Al principio de forma metódica pero luego, con creciente inquietud. No sabía qué era lo que estaba buscando: quizá algunas marcas, heridas... Intuía que durante la noche podían haberle hecho *algo*. Pero ¿por qué a él? ¿Por qué estaba sucediéndole todo eso? ¿Quién podía querer hacerle daño?

Cuando quedó satisfecho tomó fuerzas y se dirigió a la ventana. Estaba decidido a averiguar de una vez qué era lo que estaba ocurriendo. La abrió de par en par y miró la calle. Parecía igual que antes, pero esa vez varias personas alzaron la vista hacia él. Luego se unieron algunos más, que también le observaban y hablaban entre sí. No se asustó. Se quedó impasible tratando de memorizar las caras que le miraban desde abajo. Le pareció que a algunas de ellas las había visto el día anterior. ¡Así era! Sin duda, había reconocido a uno de los chicos con los que tropezaron. Sí, tenía que ser él, estaba completamente seguro...

—Vas bien Arturo, ya queda poco...

Sentía que se iba acercando a la solución, pero a su vez todo se volvía más peligroso. Comprendió que tenía que tratarse de gente poderosa: demasiadas personas implicadas, demasiadas casualidades. «Gente con poder –pensó–, con auténtico poder. Tanto como para... ¡para estar vigilándome en este mismo momento!» Se giró sobre sus pies y buscó instintivamente cualquier aparato eléctrico que hubiera en la casa. Sólo vio la pequeña televisión sobre la cómoda del salón. Se dirigió hacia ella, la cogió con ambas manos y sin dudarlo un instante la arrojó por la ventana. Oyó el estrépito al chocar contra el suelo. «¡Ahí tenéis vuestras cámaras, malditos!», exclamó con una mueca de satisfacción.

Pasaron varios minutos, que le parecieron una eternidad. Agazapado bajo la ventana, comenzó a oír a lo lejos las sirenas de coches de policía. Primero como un gemido y luego, de una forma nítida y estridente.

—Ya vienen a por ti...

Sintió que le quedaba poco tiempo. ¡Debía pensar rápido, encontrar la solución antes de que llegaran! Pero cómo unir todos esos cabos...

Y de pronto, como en un fogonazo, sintió que el tiempo se detenía y que una claridad infinita lo iluminaba todo. Delante de sus ojos el baile confuso y anárquico de lo que sucedía fue tomando un ritmo, una pauta. En ese momento fue testigo de cómo todas y cada una de las piezas de esa terrible situación encajaban con total precisión. Y sólo entonces supo, con absoluta certeza, que venían a buscarle.

—Y puedes jurarles que no te cogerán vivo, Arturo...

«¡Lo juro!», dijo, y se preparó para recibirlos.

Abajo, en la plaza, un coche policial aparcaba junto a un árbol mientras se extinguía el sonido de su sirena. Salió un agente uniformado.

—¿Qué es lo que pasa aquí? –preguntó sin dirigirse a nadie en particular.

—Es un chico, en el segundo piso –contestó un hombre–. Está medio desnudo y ha tirado una televisión por esa ventana... ¡Podía haber herido a alguien!

—Entiendo... –dijo el policía, y alzó la vista hacia la dirección que el hombre le indicaba con la mano–. ¿Alguno de ustedes sabe quién es?

Una mujer mayor alzó la voz.

—Es un «marrano» –dijo con desprecio–. Va siempre sucio, con una guitarra... ¡Qué indecencia salir desnudo a la ventana! ¡Con todos los niños delante!

—Yo vivo en el mismo edificio –comentó entonces una joven–. Es un chico retraído, pero nunca ha hecho nada a nadie. Suele tocar la guitarra por el barrio. A veces trae a otros chicos al piso. Creo que se aprovechan de él –dijo mirando a la mujer mayor.

Con estos comentarios y otros de las personas que se habían reunido llevadas por la curiosidad, el policía se hizo una idea acerca del chico que vivía en aquel piso. Al parecer, llevaba pocos meses en la ciudad. Era algo «rarito», pero pacífico. Y no había dado problemas en el barrio hasta entonces, salvo quizá que su aspecto, cada vez más sucio y descuidado, asustara o desagradara a algunos vecinos.

Pero esa mañana se había asomado a la ventana medio desnudo en varias ocasiones y al rato, sin que nadie supiera por qué, había lanzado una televisión por la ventana.

—¿Saben si está solo en la casa?

—No lo sé –dijo la joven que vivía en el mismo edificio–, pero hace unas horas salieron dos chicos con bolsas. Creo que no han vuelto a subir.

—Ya veo...

El policía se dirigió a su coche y utilizó la radio durante un rato. Luego salió y se acercó al portal. Tocó el timbre. Nada. Repitió la operación en dos ocasiones más, sin obtener respuesta alguna. De repente oyó un grito entre la gente que observaba.

—¡¡Cuidado!! ¡¡Apártense!!

Una vieja silla de madera chocó con estruendo a escasos metros de donde se encontraban.

—¡Está bien! –reaccionó el policía–. ¡Aléjense ahora mismo todos de la ventana! ¡Todo el mundo hacia atrás! ¡Vamos!

El susto hizo que siguieran sus indicaciones con rapidez. La gente se apartó hacia un lugar donde no había peligro, pero desde el que podían seguir los acontecimientos con claridad.

En pocos minutos llegó otro coche de policía. Y algo más tarde una ambulancia. Se formó un grupo de tres policías, un médico y un enfermero. Juntos, y con evidentes muestras de precaución, entraron en el portal ayudándose de la llave de la vecina. Al llegar al segundo piso, el mayor de los policías, el que había estado desde el inicio, golpeó la puerta.

—¡Chico, abre, somos de la policía!

No hubo respuesta. El agente llamó de nuevo.

—Vamos, no tengas miedo. No te va a pasar nada...

Un ruido de cristales rotos los puso en alerta.

—Vamos a tener que forzar la puerta –sugirió uno de los hombres en voz baja.

El policía mayor lo meditó un momento y se dirigió al hombre alto con chaleco reflectante, que le observaba.

—¿Qué opina, doctor?

—No sé... Puede que ese chico no esté bien y que suponga un peligro, tanto para los demás como para él mismo...

Meditaron un instante.

—Está bien, forzaremos la entrada. Es una puerta vieja, no será difícil...

Se hicieron a un lado. Uno de los policías, el que parecía más fuerte, encaró la puerta. Miró de reojo al policía mayor, que le hizo un gesto afirmativo con la cabeza. Entonces levantó la pierna y la impulsó con fuerza sobre la cerradura, que se reventó en mil pedazos. La puerta se abrió de par en par con un enorme estruendo y todos se apresuraron al interior. Pero entonces lo que allí vieron los hizo detenerse en seco.

Arturo se encontraba de pie en mitad del salón. Estaba completamente desnudo, con el cuerpo tenso y agarrotado. Miraba hacia la puerta con expresión de terror. Una de las ventanas estaba rota y los cristales, esparcidos por el suelo. Todos menos uno, en forma de pico, que Arturo sujetaba en la mano, ahora ensangrentada.

—¡Malditos seáis! ¡Qué es lo que queréis de mí!

—Tranquilo, muchacho, venimos a ayudarte. No te pasará nada.

Arturo se giró sobre sus pasos y corrió hacia la ventana.

—¡No me cogeréis vivo! –grito, y se encaramó en el alfeizar, aún lleno de restos de cristales, haciéndose un corte en uno de sus pies.

Los policías aprovecharon esa maniobra para entrar con velocidad y llegar hasta él. Uno de ellos le sujetó por los tobillos y le hizo caer de nuevo hacia el interior del salón. Con un movimiento rápido, Arturo se zafó del agarre y se colocó de espaldas a la pared, blandiendo el trozo de cristal.

—¡Fuera de aquí, malditos, u os juro que...!

Los policías le rodearon mientras el médico intentaba tranquilizarle con sus palabras:

—¡Tranquilo, chico...! ¡Vamos, deja ese cristal...! Te prometo que no te va a pasar nada...

Los policías se acercaron un poco más, esperando el momento propicio para reducirle. Arturo los observaba con cara de pánico. No entendía qué es lo que había hecho, por qué venían a buscarle. Entonces la desesperación se apoderó de él y sintió que todo estaba perdido. Su mirada se fijó en el infinito, desenfocada, y finalmente dejó caer los brazos. Los policías dieron un paso en su dirección y...

—Pero ¿qué haces, Arturo? –dijo esa voz en su cabeza–. No puedes rendirte ahora, no puedes dejarte atrapar así. No pueden cogerte vivo.

—Tienes razón –musitó Arturo.

De súbito, los policías vieron como de nuevo el cuerpo de Arturo se tensaba. Apretó la mano en torno al trozo de cristal que aún sostenía, cerró los ojos y, con dos rápidos movimientos, se lo clavó en la cara y en el cuello. La sangre empezó a manar con abundancia. Los policías se abalanzaron sobre él sujetándole por las muñecas para tratar de inmovilizarle. Arturo se resistió por un momento, pero notó enseguida que las fuerzas empezaban a faltarle. Su vista se nubló, y todos los ruidos y las voces comenzaron a apagarse, mientras un velo húmedo y tibio se extendía por su cuerpo.

—¡Dejadme, no he hecho nada...! –llegó a decir casi en un suspiro. Entonces sintió que, al igual que sus fuerzas, el miedo y la desesperación también desaparecían. Y así, sin esperanza alguna, se abandonó finalmente a la oscuridad.

Habían pasado casi seis meses desde aquel episodio terrible que Arturo acababa de contar con la monotonía y la distancia del que lo ha tenido que hacer ya en demasiadas ocasiones. Se quedó callado al terminar, llenando el despacho de un silencio grave, necesario para digerir lo que acabábamos de oír.

Nunca le había visto antes, pero en ese momento su aspecto era de abatimiento. Tenía el pelo largo y descuidado, y su cara mostraba signos de cansancio y embotamiento. Hablaba con un tono de voz bajo, casi sin inflexiones. «Seguramente también influye la medicación en todo esto», pensé.

Le acompañaba su padre, que vigilaba cada uno de sus gestos con evidentes muestras de preocupación. Apoyaba la mano en la rodilla de Arturo, en un gesto de complicidad y cuidado. Conmigo estaba un estudiante de psicología en prácticas, que había presenciado toda la entrevista. Se le veía profundamente impresionado por la historia que acababa de oír.

—Ha tenido que ser muy duro para ti, Arturo, toda esta situación... –comenté para romper el silencio.

—Bueno... sí –dijo con un susurro apenas perceptible.

Con la ayuda de su padre nos contó entonces que, tras todo lo ocurrido en el piso, le llevaron al hospital y allí le intervinieron de los cortes que se había producido. Y había tenido suerte porque, si bien el de la cara sólo precisó de varios puntos (se le apreciaba claramente una cicatriz inmadura de color rojizo), el del cuello podía haber sido mortal de haberse desplazado tan sólo unos centímetros.

Después nos relató el ingreso en la unidad de psiquiatría, la llegada de su padre y su hermana llenos de preocupación, las preguntas y explicaciones dadas una y otra vez, los diferentes tratamientos recibidos... Una vorágine de acontecimientos que Arturo recordaba como envueltos en una nebulosa extraña que no era capaz de ordenar con claridad. Tras ocho semanas ingresado, su padre había decidido trasladarse con él a la ciudad.

—Pensé que conmigo y con su hermana encontraría la tranquilidad necesaria para recuperarse del todo -nos explicó.

Pero las cosas no sucedieron como habían previsto. La recuperación estaba siendo más lenta de lo esperado y el psiquiatra a cargo de Arturo les había aconsejado acudir al hospital de día.

—Nos dijeron que aquí el tratamiento es más intensivo... -había comentado al llegar, más como una pregunta que necesita ser confirmada que como una aclaración.

Y aquí estaban, en la primera entrevista para un posible ingreso en el hospital de día...

—Nos lo has contado todo muy bien, Arturo -dije entonces-, pero aún no nos has comentado cuál es tu opinión sobre todo lo que te ha sucedido.

—Los médicos dicen que he tenido un *brote psicótico*, que es que pierdes el contacto con la realidad y crees cosas que no son ciertas y oyes cosas que no existen.

—Entiendo. Pero lo que te pregunto, Arturo, no es lo que te han dicho otras personas, sino lo que tú crees que te ha sucedido realmente...

—Bueno -comenzó titubeante-, yo estoy de acuerdo en que pensaba cosas que no eran ciertas. Creía que querían hacerme daño, que me perseguían porque yo era alguien especial. No sabía exactamente el motivo, pero era lo que pensaba. Y entonces sentí la necesidad de defenderme. Ahora me doy cuenta de lo irracional de algunas... bueno, de todas –se apresuró a corregir– las cosas que creí ciertas.

—Y ahora que ha pasado el tiempo, y puedes verlo todo con una cierta distancia, ¿cuál crees que ha sido la causa de esto que te ha sucedido?

—Yo creo que fue que estaba estresado. El cambio de ciudad, los nuevos compañeros de la facultad... Nunca había vivido solo y estaba comiendo bastante mal. Creo que se me juntaron muchas cosas... ¡Pero le aseguro que ahora ya estoy bien! –afirmó con rotundidad.

Era evidente que no lo estaba. Por el contrario, se le veía aún débil, convaleciente por todo lo sucedido, y no cabía duda de que necesitaba tratamiento para acabar de recuperarse. Expliqué, tanto a Arturo como a su padre, las características del hospital de día y el tipo de terapia que allí hacíamos, y acordamos la posibilidad de que empezara el tratamiento lo antes posible.

—¡Eso es estupendo, Arturo! –exclamó el padre con rapidez–. Creo que las cosas pueden irte muy bien aquí.

Pero Arturo no mostraba el mismo entusiasmo.

—No lo sé, no estoy seguro de que me haga falta venir... ¡Si es que yo ya me encuentro bien...! Lo que quiero es volver a mis estudios enseguida y olvidarme de lo ocurrido –aclaró.

—Vamos, Arturo, tienes que intentarlo. Y no es cierto que estés bien, lo que pasa es que tú no te das cuenta...

—¡Estoy harto de que me digan que no estoy bien! ¡Yo me doy cuenta de todo lo que pasa! ¡No estoy loco! –gritó–. ¡No estoy loco!

Nos quedamos en silencio.

—Arturo –dije bajando voluntariamente el tono de voz–, quisiera preguntarte una cosa. ¿Era todo mentira?

—¿Cómo dice, doctor?

—Que si todo lo que pensabas aquel día, lo que sucedió aquella mañana, estando solo en el piso, era mentira.

—Sí, claro, ya se lo he dicho antes... -añadió bajando la mirada hacia el suelo.

—¿Seguro? No te creo. Puede que algo...

De pronto su cara cambió y la levantó mirándome a los ojos, presa de un repentino entusiasmo.

—Esa furgoneta -dijo entonces con extraordinaria convicción-, esa furgoneta estaba ahí por mí. Los chicos con los que tropezamos el día anterior estaban dentro de ella. Creo que las demás cosas, las voces en mi cabeza, el creer que había cámaras, fueron producto de mi mente. Pero de eso estoy completamente seguro.

—¡Pero hijo! Eso no es así. Admites que todo lo demás fue mentira. Eso no tiene sentido alguno, no encaja con la realidad...

—Pues si no encaja -le interrumpió-, ¡que se joda la realidad!

El padre se quedó callado.

—Bueno -dije-, no lo sabemos, es posible que sea como dice Arturo.

—Pero doctor... -interpuso el padre.

—Sólo digo que es posible.

 Arturo me miró con sorpresa.

—Gracias -dijo-, por confiar en mí...

—No me las des -le interrumpí-. Sólo demuéstrame que tú también puedes confiar en nosotros. Empiezas este lunes.

Y así fue como Arturo comenzó su tratamiento en el hospital de día.

Cuando finalmente Arturo y su padre abandonaron la consulta, me quedé durante unos minutos hablando con el estudiante de psicología. Lo hice en parte para comentar el caso y la entrevista, y en parte para que pudiera descargar la tensión acumulada: cuando empiezas a tratar con pacientes, las historias más duras pueden producir una honda impresión. Discutimos acerca de los síntomas y del diagnóstico, pero su rostro parecía albergar una pregunta que no se atrevía a formular.

—¿Hay alguna cosa más que quieras que comentemos? –dije para tantearle.

—No... Bueno, sí. Es sobre el final de la entrevista. El caso es que todos los manuales dicen que no se debe dar la razón a los pacientes que sufren delirios o alucinaciones, y usted insinuó que en esa furgoneta...

Enseguida comprendí.

—Entiendo. Hagamos un experimento –le propuse–. Imagina por un momento que todo tu mundo se desmorona. Todo lo que creías seguro e inmutable empieza a desaparecer sin remedio: tu familia, tu trabajo, tus amigos... Las cosas que dan sentido a tu vida se desvanecen por momentos y tú no puedes hacer nada por evitarlo. ¿Te imaginas cómo te sentirías? Bien. Ahora piensa en qué es lo que necesitarías para poder sobrevivir a una situación así. Puedes pedir una cosa, la que tú quieras y que consideres imprescindible para seguir adelante. ¿Lo tienes ya?

El estudiante se quedó en silencio durante unos instantes con la mirada clavada al frente. Entonces dijo:

—Bueno... no lo sé. Supongo que en una situación tan extrema me bastaría con cualquier cosa a la que poder agarrarme, por pequeña que fuera...

—Muy bien. Piensa ahora que Arturo vivió esa situación: durante unas horas su cabeza perdió el contacto con la realidad, presa de los delirios y las alucinaciones. Y ahora, que ya se encuentra mejor y es capaz de diferenciar lo que es real de lo que no lo es, se da cuenta de que en aquellos momentos todo su mundo se vino abajo. Se volvió completamente *loco*. Todo fue una mentira producto de la enfermedad, y tanto su familia como los médicos nos encargamos de recordárselo constantemente. Y lo que es peor, quizá podría volver a sucederle.

El estudiante me miraba sin decir nada.

—Arturo necesitaba un asidero –continué–. Pensar que, a pesar de todo, en algún punto permaneció anclado a la realidad, y que algo, por pequeño que fuera, en toda aquella situación había sido verdad. Eligió creer que esa furgoneta tenía que ver con él. Yo sólo le propuse conservar ese asidero, para que pudiera seguir adelante.

—¿Aunque ese asidero no sea real? –preguntó entonces.

—Bueno, ya has escuchado a Arturo: si no se ajusta a la realidad... ¡que se joda la realidad!

Estaba solo en el despacho. Hacía un buen rato que el estudiante se había marchado, no demasiado satisfecho por las explicaciones que había recibido, y reafirmándose en que los libros debían tener más razón que aquel médico ya entrado en años.

«Qué curioso –pensó–, no hace tanto tiempo era yo el que estaba en silencio observando a otros trabajar y tratando de absorberlo todo como una esponja...»

No hacía tanto tiempo... ¿o sí? De repente se sintió cansado. Se quitó las gafas y las apoyó sobre la mesa mientras se frotaba los ojos con un gesto automático. «Bueno –se dijo mientras trataba de apartar pensamientos molestos de su cabeza–, otro paciente más que inicia la aventura de pasar por el centro. ¿Cuántos habrán sido ya? Muchos —reflexionó—, quizá demasiados...» Entonces su memoria voló, sin que lo deseara, remontándose a otros tiempos.

Y en ese momento, como evocada por un caprichoso resorte, le vino a la mente otra pregunta que, al ser respondida, le arrancó una sonrisa de nostalgia y complicidad. Y esa pregunta era: ¿cómo empezó todo?

2

Julio,
la *Estatua consciente*

La esquizofrenia es una enfermedad desconcertante: dos pacientes que la sufren pueden resultar tan dispares en síntomas y manifestaciones que, en muchas ocasiones, se hace difícil pensar que puedan compartir el mismo diagnóstico. Se describió hace más de un siglo y aún no hemos sido capaces de identificar su origen. Pero lo que sí sabemos es que produce un cambio profundo e íntimo en la persona que la padece, llegando a afectar de una manera muy importante a su trabajo, relaciones, familia...

Todos conocemos los síntomas más frecuentes, los delirios y alucinaciones en los que se creen perseguidos y perciben cosas que no son reales, como escuchar voces amenazadoras dentro de la cabeza. Pero existe una modalidad particular que tiene unas características muy definidas: la esquizofrenia catatónica.

Recibe este nombre porque el paciente puede llegar a mantener una misma postura durante horas, como una suerte de estatua de cera aparentemente ajena a los estímulos externos.

Y Julio, un antiguo pastelero, alto y grueso, de treinta y cinco años, la tenía. La tenía y la sufría porque, si bien la mayor parte del tiempo convivía con normalidad en casa de su madre –con una buena relación aunque ciertamente sobreprotegido: «¡A mi Julio no le dejo que haga ni un huevo frito!»–, cuando los síntomas se manifestaban, era capaz de permanecer absolutamente inmóvil durante horas, e incluso días. Y esto llenaba de profunda preocupación a su familia, ya que en esas circunstancias, ni siquiera salía de ese estado para poder comer o asearse. Así que cuando esta inmovilidad se prolongaba demasiado, Julio tenía que ser ingresado en el hospital.

En aquel ingreso, se encargó de su tratamiento un joven médico. Acababa de terminar su formación, y la planta para pacientes internados del hospital había sido su primer destino. Vestía una bata blanca, perfectamente planchada y siempre impoluta –«tal como aparezcas ante los demás, así te considerarán», le había dicho su padre–, porque así era como quería que los demás vieran sus actos y decisiones.

Pero aunque por fuera se mostrara seguro y confiado, en su interior bullían toda clase de sentimientos contradictorios: ilusión, inseguridad, avidez de conocimiento, deseos de agradar y de demostrar su valía, y el miedo del que sabe que se enfrenta a un mundo nuevo lleno de importantes desafíos. Le aterraba la idea de fallar. Fallar ante los demás y fallar ante sí mismo: un error podía ser tan difícil de soportar para un ego secretamente frágil...

Así, caminaba por los pasillos con su bata blanca, tan blanca que reflejaba la luz. Y también, por qué no decirlo, reflejaba en ocasiones historias y sentimientos demasiado cercanos para alguien aún no preparado del todo para asumirlos.

Cuando Julio ingresó, el joven médico lo recibió con entusiasmo. En verdad, no era tan frecuente hallar una esquizofrenia de esas características, y como el caso se había convertido en el más singular de los que había en ese momento, estaba convencido de poder lucirse con él si se esforzaba en el tratamiento.

Pero pasaron varios días y Julio no mejoraba. Su cuerpo grueso seguía completamente inmóvil. Bien era cierto que dejaba que las enfermeras le movieran para asearle y acostarle, e incluso alguna vez había tomado algo de alimento. Sin embargo, de él mismo no había surgido el menor movimiento voluntario ni la más mínima palabra. Y eso era algo que desesperaba al joven médico.

No entendía lo que ocurría. Había aplicado el tratamiento más apropiado para ese tipo de casos; lo estaba haciendo todo bien, pero el paciente no respondía. Pasaba visita a diario, acompañado por varios estudiantes, y examinaba a Julio esperando cualquier indicio de respuesta.

—Y aquí tenemos a Julio. Como veis, está completamente inmóvil. Tiene una esquizofrenia catatónica. En casa se mueve más, sobre todo a la hora de comer, ¿eh, Julio?, pero aquí lleva ya varios días sin hablar nada ni hacer el mínimo gesto, lo cual tiene su mérito a tenor del corpachón que veis. En fin. ¿Sabe alguno de vosotros decirme alguna de las características de esta enfermedad?... Sí, muy bien: la *flexibilidad cérea*. Esta característica nos permite mover voluntariamente el cuerpo de Julio y éste quedará exactamente en la posición que le dejemos. Por ejemplo así... ¿Veis como saluda ahora? Bueno, parece que hoy tampoco tiene ganas de moverse. En fin, el tratamiento que estamos aplicando ahora consiste...

Y así, una visita tras otra y un día tras otro, sin encontrar señal alguna que indicara cuándo llegaría el día en que Julio saldría de su estado. Hasta que una tarde, de la misma forma en la que entró en su silencioso encierro, sin que nadie acertara a adivinar el motivo, Julio comenzó a moverse de nuevo.

El joven médico llegó por la mañana y la enfermera de guardia le puso enseguida al corriente de lo ocurrido.

—Aún no habla, pero por la tarde vimos cómo se movía por la habitación; y por la noche cenó él sólo y se acostó.

«¡Eso es estupendo!», pensó el joven médico, que recibió la noticia aparentando total normalidad.

—Muy bien –dijo–, más tarde pasaré a verle. –Y así lo hizo, asegurándose primero de que llegaran todos los estudiantes en prácticas, así como el supervisor de la planta, al que puso al tanto del buen resultado del «tratamiento aplicado al enfermo catatónico».

Todos se reunieron alrededor de Julio para comprobar que efectivamente había comenzado a moverse. Lo hacía con lentitud y mantenía la mirada perdida, como si no se diera cuenta de las personas que a su alrededor le miraban asombrados. Con el mismo asombro, pero sin apenas mostrarlo, el joven médico se adelantó y pasó a detallar el tratamiento y la evolución del paciente. Aunque aún era «pronto para alcanzar una mejoría completa», los resultados, a la vista de todos, no podían ser más satisfactorios.

—En fin, mañana volveremos para acabar de ponerte bueno, Julio -dijo dándole unas palmaditas en la tripa.

Se giró con cara de satisfacción y todos le siguieron hacia la puerta. Y en el mismo momento en que la atravesaba, todos percibieron a sus espaldas el sonido de una voz profunda que, con extraordinaria claridad, dijo:

—Discúlpeme, doctor, ¿puedo hacerle un comentario?

Al volverse, pudieron ver como Julio, sentado sobre la cama, miraba con serena fijeza a los ojos del joven médico que, sorprendido por la situación, sólo pudo balbucear:

—Cómo no... Julio.

—Sólo deseo decirle -comenzó- que durante todos estos días de ingreso me he sentido muy mal tratado por usted. Únicamente quería que lo supiera.

De pronto, el joven médico sintió como toda la estructura de arrogancia y falsa seguridad que había construido y defendido con tanto empeño se desmoronaba en mil pedazos. Nunca unas palabras habían calado tanto y tan profundamente en su ánimo y mostrado tan claramente su desnudez a los ojos de los demás. Pero no eran los demás los que le importaban en ese momento, porque él no podía apartar los ojos de la persona a la que había herido y que con tal intensidad se lo había hecho entender. Finalmente, con la cabeza baja y sintiendo un peso infinito que apenas le dejaba moverse, salió de la habitación.

Llegó el día en que Julio completó su tratamiento y finalmente fue dado de alta, con la consiguiente alegría para su familia: «¡Ay, mi Julio! Hijo, ¡cuánta hambre has tenido que pasar! ¡Ya lo remediaré yo en casa...!».

Pero no se fue del todo. Había quedado prendido en el pensamiento de una persona. Una persona que miraba a su alrededor y sólo veía cascotes. Y mientras paseaba taciturno, y trabajaba, comía o se relacionaba, tropezaba con ellos. Y se enfadaba, intentando apartarlos de su camino, maldiciéndolos, arrojándolos lejos o tratando de esconderlos. Hasta que un día, cansado, entendió que esos cascotes de orgullo roto y ego destruido también eran parte de él. Y con ellos, comenzó a construir...

Y desde entonces, nunca volvió a hacer comentario despectivo alguno delante de ningún paciente (ni permitió que otros lo hicieran en su presencia). Y por doloroso que resultara en ocasiones, no rehuyó enfrentarse con las duras historias de las personas que llegaban hasta él para pedir su ayuda. Entendió que no dejarse influir por ellas no era lo mismo que ignorarlas o rechazarlas.

Un día, al despedirse de una paciente y extender la mano hacia ella con un gesto mecánico, ésta se la apartó y se abrazó a él, dándole las gracias con dos sonoros besos. Se quedó quieto e incómodo por un segundo y, luego, sonrió. Cuando salió la paciente, sin saber por qué, se acordó de Julio.

Y se dio cuenta, sorprendido, de que hacía muchos días que había olvidado ponerse la bata.

Varios meses después, el supervisor de la planta le dijo que quería comentarle algo.

—Dime...

—Hay una plaza libre en el hospital de día.

—¿El hospital de día? ¿Eso no es en el pabellón de...?

—Quiero que vayas para allí.

—Pero... si yo no sé...

—Empiezas mañana. La secretaria te dirá cómo llegar y los demás detalles. ¿Entendido? –lo dijo de una forma que no sonó como una pregunta.

—Sí, claro...

—¡Ah! –comentó mientras se giraba para marcharse–, una última cosa...

El joven médico le miró con cara de expectación.

—Lo harás bien –le dijo, y sin más explicaciones, continuó su camino.

«*Bueno, supongo que hice lo que pude –pensó–. Los comienzos nunca son fáciles, sobre todo si uno no está lo suficientemente preparado.*»

Pero ¿cómo puede alguien estar preparado para trabajar en un hospital de día psiquiátrico? Si ya era difícil tratar con algunos pacientes de forma individual, ¿qué pasaría cuando tuviera que enfrentarse a treinta a la vez?

Su mente vagó por unos instantes alrededor de esos pensamientos, que sin esfuerzo alguno se dirigieron irremediablemente hacia la única respuesta posible: pasó lo que tenía que pasar.

3

El hospital de día

Ahora es fácil. Cuando viene algún paciente nuevo y llega el momento de contarle qué es y qué hacemos en el hospital de día, las palabras salen de mi boca de una forma casi automática. «Bueno –digo entonces–, si no tienes por ahora nada más que comentarnos acerca de lo que te trae con nosotros, te explicaré qué es lo que hacemos aquí, y después veremos si podemos ayudarte, ¿de acuerdo? Bien, como sabes, esto es un hospital de día. Es un centro para pacientes psiquiátricos que, si bien no están tan graves como para precisar un ingreso continuado, sí necesitan un tratamiento más intensivo que el que podemos dar de forma ambulatoria con citas quincenales o mensuales. Aquí se viene a diario, durante toda la mañana, y se realizan diferentes terapias, la mayor parte grupales. También se lleva un control de los medicamentos. A última hora comemos todos juntos en el comedor y pasáis la tarde y la noche en vuestra casa.

»Hay dos cosas importantes –es como un discurso aprendido que el tiempo y la experiencia han ido depurando hasta dejar sólo lo estrictamente necesario–: la primera es que para que funcione hay que venir todos los días e implicarse en las terapias. Y la segunda, que requiere de un periodo continuado no menor de seis meses. Y como podrás comprobar, la suma de estos dos requisitos lleva a una conclusión lógica: es un tratamiento que se hace pesado y a veces ciertamente difícil. Eso sí, la mayor parte de las personas que lo cumplen mejoran notablemente de sus problemas.»

Después de hacerlo tantas veces sabes cuáles son las dudas y las preguntas más frecuentes, así que te adelantas a ellas entendiendo la angustia que las genera: «No, no hacemos distinción por enfermedades. Cada uno tiene sus problemas y se tratan junto a los de los demás... No, tampoco hay gente agresiva, no se permite... ¿Las edades? Es para adultos, a partir de dieciocho años. Tenemos una *abuelita* de sesenta y cinco... Sí, llevamos la medicación y hacemos entrevistas frecuentes con las familias... No, no se contagian las enfermedades de los demás, más bien ayudan en la curación mutua...».

Paciencia y cuidado. Claro, no se puede decir todo, y menos en estas primeras entrevistas. No puedes contarles que muchas personas abandonan el tratamiento al poco tiempo de empezar, y que para otras se demuestra ineficaz y hay que buscar otros centros y recursos. Pero en cualquier caso, lo importante es probar, porque «si no lo pruebas, no sabes si te va a servir».

En fin, como digo, ahora es fácil, pero entonces las cosas eran muy diferentes. Acababa de llegar y me enfrentaba con las primeras jornadas en el hospital de día. Éste se hallaba ubicado en uno de los viejos pabellones rehabilitados del complejo hospitalario, que aunque próximo a los de otras especialidades médicas, parecía estar aislado en un mundo aparte, rodeado por un jardín frondoso y descuidado. La puerta de acceso, al contrario que la de la planta para pacientes ingresados, permanecía abierta de forma permanente. La entrada abocaba a un enorme espacio rectangular, que servía tanto de sala para las actividades lúdicas como de comedor, y distribuidos por sus dos plantas, había varios despachos y salas para grupos. Las paredes estaban decoradas con dibujos y murales realizados por los pacientes, que ayudaban a romper la sobriedad característica de los centros médicos.

Y precisamente en una de esas salas me encontraba yo, dirigiendo mi tercer grupo de terapia, en el que tenía que presentar a una paciente recién llegada...

—Hoy tenemos una paciente nueva. Se llama Carmen. Hola, Carmen, me gustaría que pudieras contarnos por qué has venido y cómo te encuentras, y luego tus compañeros de terapia también se presentarán. ¿Te parece?

—Muy bien, doctor. Pues encontrarme, me encuentro bien. Y respecto a por qué estoy aquí, supongo que es porque me peleé con mi marido –dijo tranquilamente.

—Bueno, Carmen, nadie ingresa en un centro de psiquiatría por pelearse con su marido. Algo más habrá sucedido...

—Sí, así es. La verdad es que él se puso muy nervioso y empezó a romper cosas...

—En esa situación –la interrumpí con suavidad–, supongo que el que tenía que haber ingresado, llegado el caso, sería tu marido. Algo tuviste que haber hecho tú...

—Bueno, sí. Yo también me puse nerviosa –explicó–, y acabé tirando el gato por la ventana.

—¿Y eso, por qué?

—Bueno, porque en realidad... no era mi gato.

—¡Vaya! -exclamé con fingida expresión de asombro.

—Me lo habían cambiado –dijo como si tal cosa.

—Pero cómo va a ser eso, Carmen...

—Es muy sencillo, doctor -dijo otro paciente con la mayor naturalidad-. La han ingresado por tirar al gato. Y los gatos, como todo el mundo sabe, son una especie protegida...

—¿Protegida? Pero eso no es así... -dije algo inquieto al ver que otro paciente le daba la razón.

—Sí lo es -comentó-. Y también lo son los perros.

—Claro, doctor -tomó la palabra una mujer a su derecha-. Yo tenía un perro muy bonito que decía: «¡Hola, Yaya!».

—¡Pero si los perros no hablan! -esto estaba empezando a escapárseme de las manos...

—El mío sí -dijo-. Vivió diecisiete años y finalmente le hicimos la eutanasia.

—¿Estaba enfermo? -le interrogó un chico joven que se llamaba Francisco.

—La verdad es que no. Pero creo que finalmente se reencarnó. Sí, en un gato. Espera un momento... Puede que el gato que tiraste por la ventana fuera... ¡mi perro reencarnado! ¡Eres una asesina de gatos! -gritó mirando a Carmen.

¿Qué estaba ocurriendo? Sentía que había perdido el control de la terapia y que las locuras de unos y otros se estimulaban entre sí.

—Si al final va a ser lo que dice el doctor, que es mi marido el que tenía que estar aquí.

—Pero yo... -¿Había dicho yo eso?

—Mi gato -continuó Carmen impasible- una vez se comió un boquerón.

—A mí me encantan los boquerones –exclamó el chico joven–. Si la reencarnación existiera me gustaría hacerlo en tu gato.

—¡Sí existe! –dijo de repente una mujer que hasta entonces se había mantenido en silencio con la cabeza baja–. ¡Encarnación es mi tía!

Todos irrumpieron en una gran carcajada.

—¡Ya está bien, basta de tonterías! –grité con evidentes muestras de enfado.

La cosa estaba yendo demasiado lejos y ya empezaba a cansarme de tanta chifladura. Ésa no era manera de trabajar en un grupo de terapia. ¿Qué se habían creído? Había que poner orden enseguida y retomar las riendas lo antes posible...

—Bueno, doctor –dijo Carmen en tono conciliador–, no se enfade. Seguro que usted tiene razón...

—Sí, es un doctor muy listo –dijo Francisco–. A mí me encanta su clase de gimnasia expresiva.

—No es gimnasia expresiva, Francisco, es expresión corporal. Y no es una clase, sino una terapia –puntualicé ya algo más calmado.

—¿Cómo dice? –preguntó una mujer algo mayor al fondo.

—Que el doctor da una clase de terapia gimnástica o algo... –dijo Carmen.

—No ha dicho eso, que no se entera usted –le respondió Francisco–. Da una clase de expresión gimnástica.

—¡Es expresión corporal! –grité finalmente–. ¡¡Terapia de e-x-p-r-e-s-i-ó-n c-o-r-p-o-r-al!!

Todos quedaron en silencio unos instantes impresionados por el grito.

—¡Y también os impartiré la terapia ocupacional! –dije tratando de recuperar la calma–. No lo volveré a repetir, la t-e-r-a-p-i-a o-c-u-p-a-c-i-o-n-a-l. Será los jueves a la una. ¿Ha quedado claro?

—¡Sí, doctor! –dijeron todos casi al unísono.

—¿También a usted, Carmen?

—Sí, que usted nos dará también la clase de las... –meditó un segundo–. ¡Técnicas ornamentales!

Todos comenzaron a reír de nuevo a mandíbula batiente y completamente desinhibidos.

En ese momento me sentí lleno de rabia e indignación. Tuve ganas de levantarme y salir de allí, dar un portazo y dejar a todos esos chiflados... Pero, espera un momento. ¿Por qué estaba pensando así? Me estaba dejando llevar por la rabia y el enfado, y sabía más que de sobra que eso no era correcto en absoluto. Me paré un instante y miré dentro de mí. «¿Qué es lo que hace que me sienta así, qué es lo que no quiero reconocer?» Entonces, me di cuenta. Entendí con claridad que por encima del enfado y la indignación me sentía inseguro, profundamente inseguro. En realidad, apenas había realizado terapias de grupo antes, y allí estaba yo pretendiendo aparentar un aplomo y una experiencia que no tenía. Y en el fondo lo sabía. Y los pacientes también. Y ellos no eran los responsables de eso.

Mis sentimientos se calmaron. Los pacientes, que habían parado entonces de reír, me miraban expectantes. Alcé la cabeza y con la mayor sinceridad dije:

—Lo siento. Creo que me he puesto algo nervioso y he estado bastante inadecuado. Os pido perdón a todos.

Me miraron sin decir nada.

—Carmen –proseguí–, si no quieres añadir nada más a lo que ya nos has contado, podemos dejar que tus compañeros se presenten. ¡Ah, y bienvenida a nuestro centro!

—Gracias, doctor –dijo con una sonrisa.

Y acto seguido, uno a uno, sus nuevos compañeros se fueron presentando.

Ahora se reía al recordar aquellos primeros meses de funcionamiento del centro, pero lo cierto es que no habían sido fáciles en absoluto. La inexperiencia de los terapeutas (que suplían las carencias con entusiasmo), los errores en la admisión de pacientes, las meteduras de pata en las terapias, las situaciones nuevas y difíciles que a veces se presentaban y que descolocaban a todos...

En realidad, tuvieron que pasar bastantes meses hasta que los pacientes empezaron a beneficiarse de todo el potencial de un tratamiento de esas características. Intentó pensar en aquellos primeros pacientes. En su mente se aparecían rostros a los que era ya incapaz de poner un nombre, o nombres con caras borrosas y rasgos poco precisos. «Maldito tiempo –murmuró–. O mejor, maldita memoria», rectificó para sí.

De repente sonó el timbre del teléfono y no pudo evitar dar un brinco en la silla. Lo miró e instintivamente alargó la mano para contestar, pero algo le detuvo. Cerró la mano y la posó sobre la mesa, dejando que el teléfono siguiera sonando. Su corazón se había acelerado. «Que no lo cojas no significa que las cosas vayan a cambiar», se dijo con cierto reproche. Y alargó de nuevo la mano con mayor decisión.

Y en ese preciso momento, como arrastrada por una corriente desde el desván de la memoria, la imagen de uno de esos primeros pacientes se apareció ante él con una sorprendente nitidez. Y esa imagen se unió a un nombre, y ese nombre a una historia que surgió, una vez que oportunamente se hubo apagado el sonido del teléfono, para ser recordada con la nostalgia y la ilusión de aquellos primeros días...

4

Francisco, *el Simple*

—Me siento solo –dijo, y todas las cabezas, incluso las de aquellos que al final de la terapia estaban más pendientes del reloj que de lo que allí acontecía, se giraron para mirarle. Y lo hicieron con verdadero interés y preocupación, porque sabían que si lo decía Francisco, debía de ser *exactamente* así como se sentía.

—¿Solo? ¿Y eso por qué, Francisco? –le interrogué con la misma atención.

—Bueno –continuó con su hablar algo titubeante–, el caso es que el otro día... cuando saqué a pasear al perro... me encontré con un antiguo amigo.

—¿Y qué pasó?

—La verdad es que me alegré mucho de verle... Nos pusimos enseguida a hablar. Pero al rato me di cuenta de que las cosas no eran lo mismo que antes...

—Continúa, Francisco.

—Sentí que estábamos los dos, juntos, pero entre nosotros sólo había... palabras. Eso, nada más que palabras. Me sentí solo. -Hizo una breve pausa-. Me siento solo desde entonces.

Todos le miramos en silencio. Pensé que seguramente ya estaba solo antes de que esa situación trivial sucediera, pero ésta hizo que tomara conciencia de toda la intensidad de aquel sentimiento. Y además, había conseguido trasmitírnoslo a nosotros con total crudeza.

Francisco era un chico joven, no pasaba de los veinticinco años. De complexión fuerte, mantenía un gesto casi permanente de seriedad en la cara. Desde que llegó al centro nos percatamos de su capacidad para expresar lo que sentía o veía con la mayor limpieza y claridad posibles. Sin engañarnos o engañarse a sí mismo, sin ocultar deseos o vivencias detrás de otros pensamientos o acciones. ¿Y por qué era posible eso? Simplemente porque Francisco carecía de la inteligencia suficiente para hacerlo de otra manera.

La vida de Francisco no había sido fácil, pero tampoco muy dura. Era el mayor de dos hermanos, y a consecuencia de que su padre había fallecido cuando él era un niño, había tenido que tomar cierta responsabilidad dentro de la familia. Se encargaba de cuidar a su hermano la mayor parte del tiempo, y ayudaba a su madre en un pequeño negocio familiar. A pesar de ello, había completado sus estudios primarios con éxito, y era muy apreciado por sus vecinos y amigos.

Su madre se había dedicado en cuerpo y alma a sacar adelante a sus retoños (las finanzas familiares no quedaron muy boyantes tras el fallecimiento del padre), y trabajaba con total y absoluta abnegación. Y de la misma forma exigía a sus hijos que cumplieran con sus tareas, llegando a enfadarse mucho, golpeándolos en no pocas ocasiones, si éstas no quedaban satisfechas a su gusto.

Por otro lado, nunca permitió que les faltara para comer o vestir «decentemente, como lo hacía vuestro padre, que en paz descanse», como acostumbraba a repetir, y ambos tuvieron al menos una educación básica para enfrentarse al mundo y a la vida.

Me pregunto si quizá aquello que llamamos nuestro pasado no es más que la interpretación de una serie de recuerdos aislados a los que nuestra mente da una continuidad que no necesariamente tuvieron. Con seguridad, si resaltamos más unos recuerdos que otros, podremos encontrar explicaciones a todo aquello que nos acontece y justificar así, por ejemplo, por qué nos cuesta relacionarnos, mantener un trabajo, comprometernos...

En el caso de Francisco, sería fácil decir que la pérdida de su padre a tan temprana edad, asumir demasiadas responsabilidades o el excesivo carácter de su madre le habrían empujado hacia las drogas en la adolescencia. Pero seguramente no sería cierto.

Lo sea o no, la verdad es que el año en que Francisco cumplió los diecisiete empezó a abusar del alcohol; después del hachís, las pastillas, y finalmente la cocaína. Durante todo aquel verano lo hizo con la avidez, el exceso y la desmesura del que siente que es invencible, que nada le puede detener y que por mucho que lo intente no alcanza a ver el límite de su resistencia. Hasta que un día, ese límite llegó.

Fue una noche en una discoteca del barrio. Francisco había estado mezclando todo tipo de drogas y bailaba en la pista como en un éxtasis permanente. De pronto comenzó a sentirse mal. Notó que el corazón latía en su pecho a enorme velocidad. Paró y se sentó a descansar unos instantes pensando en reponerse enseguida pero, muy al contrario, empeoró. Apareció una sensación de mareo y un sudor frío le recorrió el cuerpo. Entonces vio cómo esa vez había llegado a un punto en el que su falsa sensación de control se había deshecho por completo. Y por primera vez desde que su madre dejó de pegarle, porque ya era demasiado mayor para hacerlo, se asustó.

Quiso levantarse y salir, como guiado por un primitivo impulso, para intentar abandonar aquel malestar alejándose del sitio en el que había surgido. Pero dio tres pasos y se desplomó en el centro de la pista. Quedó tendido en el suelo con la mirada fija en las luces de colores que le iluminaban desde el techo. Y mientras su corazón seguía luchando por escapar, perdió definitivamente la conciencia.

Seguramente podríamos decir que tuvo suerte. Su juventud y fortaleza física hicieron que, tras una breve estancia en la unidad de cuidados intensivos del hospital, su organismo volviera a funcionar con bastante normalidad. Pero por otro lado, se descubrieron una serie de lesiones a nivel neurológico que, a pesar de todos los esfuerzos por minimizarlas, resultaron irreversibles. Es probable que se debieran más al efecto producido por la acumulación de sustancias tóxicas durante tanto tiempo que a las de aquel día en concreto, pero la cuestión es que el daño se había producido, y a partir de entonces, la personalidad de Francisco cambió para siempre.

Cuando llegó por primera vez al centro acompañado de su madre, ésta decía: «¡Es que ahora no tiene voluntad ninguna, todo el mundo hace lo que quiere de él!». Y tenía razón. Habían pasado ya dos años desde aquel episodio y Francisco (que no había vuelto a consumir drogas) había visto mermada claramente su capacidad para imponer su criterio.

Los demás le convencían con argumentos a veces infantiles de que hiciera casi cualquier cosa. Y él se veía incapaz para rebatirlos.

También su inteligencia y su capacidad para abstraer, planificar o simplemente relacionarse socialmente habían sufrido daños. Aparecía indefenso ante cualquier situación que requiriera de la habilidad para discernir entre dos posibilidades o estímulos mínimamente complejos. Pero por otro lado era capaz de realizar con la mayor eficacia tareas sencillas y repetitivas, en las que ponía el máximo interés y concentración. De hecho, a pesar de todas estas limitaciones, cumplía con nota en un trabajo de barrendero a tiempo parcial en las inmediaciones de su barrio.

Todos esos detalles sobre Francisco los pudimos comprobar casi inmediatamente durante las primeras semanas en las que empezó a acudir al hospital de día. Pero de la misma forma, hallamos una particularidad en él que nos sorprendió a todos y que, por extraño que parezca, llegó a cambiar la evolución de algunos de los pacientes que coincidieron con él durante su tratamiento.

Fue durante una de las terapias de grupo. Apenas llevaba dos semanas en el centro y, al igual que a los demás pacientes durante los primeros días, le habíamos aconsejado que escuchara a sus compañeros hasta que sintiera la suficiente confianza para intervenir. Hablaba Teresa, y mientras lo hacía, Francisco parecía ausente y distraído, con sus manos gruesas apoyadas en el regazo. Teresa nos contaba su viaje a Francia para ver a uno de sus hijos que trabajaba allí desde hacía algún tiempo, y que ella no veía desde entonces.

—¡Lo he pasado muy bien! El viaje, hasta llegar allí, un poco pesado. ¡Pero era todo tan bonito! Mi hijo me alojó en una casa cerca de donde él vive y estuvimos charlando de tantas cosas... Bueno, cuando no trabajaba. Está muy liado con unos proyectos muy interesantes sobre la integración de la población inmigrante. Hacen talleres, cursos... ¡Incluso han organizado una banda de música! –hablaba con entusiasmo, como una niña con un juguete recién estrenado.

—Eso es muy bonito, Teresa –dije–. Y tú, ¿qué tal te has sentido durante el viaje?

—¡Muy bien! He conocido tanta gente nueva... ¡y lugares! Me ha dado tiempo a viajar por toda la región. Algunos compañeros de mi hijo me han enseñado sitios maravillosos. Por cierto, lo recomiendo a todo el mundo.

—¿Y cómo has visto a tu hijo?

—Está encantado. Seguramente se quedará durante un tiempo allí. Bueno, en realidad no se plantea volver, o eso creo. Pero está muy bien. No he comentado que tiene una novia francesa, realmente guapa. Incluso habla un poco de castellano...

—Parece que las cosas no han podido ir mejor... No sé si ahora alguno de tus compañeros quiere opinar acerca de lo que nos comentas, Teresa... –dije, y miré alrededor esperando una posible respuesta.

—Está triste –dijo alguien.

Todos miramos en la dirección de donde provenía la voz. Era de Francisco, que parecía haber conectado con lo que se estaba hablando.

—¿Cómo dices, Francisco? –pregunté algo sorprendido de oírle participar por primera vez.

—Teresa –dijo con la misma cadencia pausada– está triste.

—¿Y eso por qué?

—Porque su hijo no le ha hecho caso.

Miró a Teresa de nuevo y se quedó callado. Ésta le observaba con interés.

—Eso no es así... -respondió titubeante-. Lo he pasado muy bien...

—Espera, Teresa -la interrumpí-. Por favor, Francisco, continúa...

—Hacía mucho que no veía a su hijo y él no le ha hecho caso -dijo-. Ha seguido trabajando, con sus proyectos, y Teresa ha estado con otras personas y en otros lugares, pero no con él. Por eso está triste. Le echa de menos.

Teresa ya no sonreía. Sintió de repente cómo le caían encima todos los sentimientos que había estado reprimiendo y se echó a llorar.

Cuando se calmó empezó a hablar. Y entonces contó cómo había sufrido cuando su hijo se marchó de casa, de su distanciamiento, de los sentimientos crecientes de culpa, de las veces que la había encontrado borracha en casa cuando era pequeño, de su divorcio, de cuando el chico eligió vivir con su padre...

Fue una terapia sorprendente y enriquecedora para todos. Y salimos satisfechos de ella. Pero ¿cómo había sucedido? La respuesta se mostró clara. Todo había surgido a raíz del comentario de Francisco: había sabido leer *detrás* de lo que Teresa decía, sin dejarse confundir por su retórica, y trasformarlo en un resumen simple y directo de lo que había oído, visto y sentido.

Y ésa fue la manera en que nos percatamos de la primera de sus dos llamativas capacidades (de la otra lo haríamos algo más tarde), la que le permitía intuir en los demás pacientes lo más profundo de sus sentimientos, que a menudo disfrazaban y tergiversaban con palabras y acciones. Esos sentimientos se mostraban a los ojos de Francisco como imágenes sencillas y claras, la única forma en que él podía entenderlos.

Hay que decir que no participaba tanto como deseábamos, pero siempre que lo hacía era de forma espontánea e inesperada. Algo parecía conectar en su cabeza y arrancaba a hablar, dejando al aludido y a los que escuchábamos en la mayor estupefacción.

Pero ¿cómo podía Francisco, con su cerebro dañado y sus evidentes limitaciones, hacer esas interpretaciones tan valiosas y acertadas? Quizá la respuesta nos la pueda dar un tipo de pacientes neurológicos: los afásicos globales.

Los afásicos globales son pacientes que, por diferentes causas o lesiones, pierden completamente la capacidad para entender las palabras, o mejor dicho, el significado de ellas. No tienen ningún tipo de problema para oírlas, pero es como si la otra persona les hablara en un idioma completamente incomprensible para ellos.

Ahora bien, el lenguaje no tiene únicamente palabras, sino que está compuesto por éstas y todo un revestimiento de lo que denominamos comunicación no verbal: el tono, los matices, las inflexiones, los gestos, la mirada... que dan el significado global a lo que se expresa. Los afásicos desarrollan, de un modo compensador, la capacidad de leer estas señales, dado que, como digo, no pueden comprender el significado de lo que escuchan.

Así, son capaces de entender lo que se les dice por el contexto global, sin palabras, pero con todos los tonos, matices y gestos que lo acompañan. Y de esta forma, son mucho más difíciles de engañar, dado que es más complicado controlar toda nuestra comunicación no verbal. Simplemente ven más allá de las palabras.

Y de alguna manera similar, Francisco también tenía más desarrollada esa capacidad para ver la esencia detrás de lo que literalmente se decía. Pero en su caso no era, al contrario que los afásicos, por una falta de capacidad para entender el significado de las palabras, sino por esa limitación intelectual a la hora de descifrar complejidades, que le llevaba a fijarse en todo lo demás.

No sólo Teresa se «benefició» de esa capacidad de Francisco. Otros pacientes vieron también cómo desbrozaba sus palabras para devolverles la esencia misma de sus discursos y sentimientos.

Pero los pensamientos de Francisco no eran siempre simples y directos. En ocasiones, lo difícil no es lo abstracto o lo conceptual, sino lo concreto y particular, ya que ésta puede ser una forma de acercarse a la realidad y a la verdad, mucho más compleja de lo que puede parecer a simple vista...

—Estoy completamente bloqueado, no puedo escribir ni una sola palabra. ¡Y no es porque no lo intente! Me paso horas delante del ordenador escribiendo y reescribiendo los textos, pero ninguno está a mi gusto ¡Ni una sola palabra como Dios manda! Si pudiera tener la inspiración de Machado... –se quejaba Andrés, un poeta de treinta y siete años.

Los demás pacientes se esforzaban en darle consejos sobre técnicas de escritura, de relajación... pero él lo había probado todo y nada parecía servirle. Llevaba varios meses con un «bloqueo creativo» y se desesperaba porque sus poemas no parecían estar a la altura de lo que esperaba. Y no sólo él tenía el bloqueo. Aquel día el grupo de terapia tampoco parecía hallar la manera de ayudarle. Francisco, al contrario de lo que solía hacer, miraba con atención a Andrés. Y, sin apartar la mirada, en un determinado momento le preguntó:

—¿Te gusta ese Machado?

Andrés se quedó algo sorprendido.

—Me encanta Antonio Machado. Para mí es el mejor poeta. ¿Lo conoces? –preguntó con cierta displicencia, como quien se dirige a un niño.

—Me suena –dijo–. Lo que sí sé –continuó– es que si es tan bueno como dices, nadie nunca podrá escribir como él.

—Bueno, Francisco –se apresuró a responder Andrés–, la verdad es que a mí me entusiasma. Pero hay que reconocer que en cualquier actividad que hagas siempre viene alguien después que mejora lo que has hecho. Así es como evolucionan las ciencias y las artes, incluida la poesía.

No parecía convencerle.

—¿Por qué lo dices, Francisco? –intervine.

—Porque si la gente creyera, como Andrés, que se puede escribir como ese Machado, se acabaría la poesía –respondió.

Todos nos quedamos algo sorprendidos porque no alcanzábamos a entender el significado de su razonamiento. Pero intuíamos que iba bien encaminado porque el escritor le miraba con creciente atención. Parecía que no se atrevía a pedirle a Francisco una explicación, pero no pudo contenerse y finalmente preguntó:

—¿A qué te refieres?

—A que si todos pensaran que pueden escribir tan bien como Machado, les pasaría como a ti, que no puedes hacer nada porque te comparas constantemente con él. Y así, nadie podría escribir ni una sola poesía más.

Y acto seguido, como si hubiera dicho la mayor de las obviedades, volvió a sumirse en su característico estado de seriedad y de silencio.

Fue poco después de aquella terapia cuando descubrimos la segunda «habilidad» de Francisco. Durante uno de los descansos, estaba sentado en un banco, solo, con los codos sobre las rodillas y la mano derecha apoyada en el mentón. Tenía el ceño fruncido y parecía la viva imagen de la concentración. «Qué curioso –pensé–. Aunque siempre parece tan distraído y le cuesta tanto centrarse, seguramente también dedica parte de su tiempo a reflexionar sobre diversos asuntos.»

Me acerqué a su lado y le pregunté:

—¿En qué piensas, Francisco, que estás ahí tan concentrado?

Me miró de soslayo y se incorporó sin separar la mano del mentón.

—En nada –dijo–. Es que me duele la muela y el calor de la mano me alivia.

En fin. El caso es que a partir de entonces (quizá ya lo hacía mucho antes y no nos habíamos fijado), como si hubiera redescubierto una habilidad largamente olvidada y tan antigua como el hombre, le empezamos a ver en innumerables ocasiones caminar arriba y abajo del pasillo con la mano apoyada sobre las más dispares partes de su cuerpo: riñones, nalgas, oreja, cuello, hombro..., cada vez que presentaban algún dolor o molestia tras el trabajo, o por un golpe o enfermedad.

Pero la cosa no quedó aquí, sino que al percatarse los demás pacientes del inesperado «poder calmante» de las manos de Francisco, le pedían en no pocas ocasiones que se las aplicara sobre las partes doloridas. Y aunque alguna vez hubo que acotar la zona de imposición de dichas manos, para que se ajustara con el decoro mínimo establecido, permitimos que lo hiciera, ya que todos salían de esa improvisada terapia más que satisfechos.

Y porque así también Francisco se obligaba a relacionarse, a estar en contacto con los demás, y a tener una función y un lugar reconocido por todos que le llenaba de orgullo y satisfacción.

Así trascurrieron varios meses, y lo cierto es que la evolución de Francisco fue muy positiva. Había ganado en confianza, autoestima y autonomía personal. Se relacionaba más y mejor con los demás y había aprendido (o mejor dicho, reaprendido) a poner límites y a saber decir que no a lo que no quería hacer.

Pero a pesar de todos estos avances, Francisco se sentía solo. Y aquella mañana de invierno nos lo había transmitido con toda claridad.

—¿Y qué es lo que crees que te falta para sentirte así, Francisco? –le pregunté cuando terminó de hablar.

—No lo sé –contestó–. Pero siento como un vacío en el pecho que encuentro muy difícil de llenar. Es como si tuviera hambre... pero no sé cuál es el alimento que necesito... ¡No sé qué comer!

Y aunque por una parte intuíamos lo que Francisco necesitaba –y a lo que aún no podía poner las palabras exactas–, por otra nos frustraba, porque era algo que no dependía ya de nosotros: una vez sentadas las bases, sólo podíamos esperar que el destino, los hados, la casualidad o lo que quiera que sea que mueve las caprichosas flechas de Cupido actuaran.

Y fue en este preciso momento cuando, con aspecto desvalido y hablando entre susurros, llegó al centro la persona sin la cual no podría entenderse el resto de la historia (y de la vida) de Francisco...

5

Cristina, *la Rara*

Son tantas las personas que se conocen a lo largo de nuestra profesión... Cientos de enfermos y familiares con los que compartimos muchos momentos y emociones. De alguna extraña manera, todas y cada una de ellas dejan una muesca en nuestro recuerdo. Muescas que se difuminan, se esconden o confunden unas con otras, o incluso, en ocasiones, creemos que desaparecen para siempre. Y entonces un día nos vemos asintiendo con la cabeza a alguien que nos recuerda una anécdota o una historia sin que tengamos la certeza clara de qué o de quién está hablando realmente.

Pero hay otro tipo de muescas que permanecen fijas e indelebles, y que están ahí siempre, con la misma intensidad y el mismo brillo del primer día. Muescas que, con el mero hecho de girar la cabeza hacia ellas, nos reviven las sensaciones y los sentimientos que las crearon. El día en que Cristina llegó al centro de día es una de esas muescas.

Cristina tenía veinte años. Era menuda, delgada en extremo y mantenía una postura encorvada, con los hombros caídos y la mirada permanentemente fija en el suelo. Su piel era de una palidez mortecina, como si nunca hubiera recibido un rayo de sol (más adelante conoceríamos que durante los últimos años así había sido), y tenía un largo cabello rubio que le caía lacio sobre la espalda y le cubría parcialmente la cara. Se movía poco y hablaba menos, casi entre susurros, y cuando hacía algún gesto con la cabeza, le asomaban entre el pelo las orejas, que eran puntiagudas. Y bien se podría decir que, en esos momentos, se asemejaba a un elfo, un hada, una ninfa o cualquier otra criatura mitológica de los bosques.

Su madre, que la acompañaba en aquel primer día, nos explicó que desde muy pequeña había sido una niña retraída. Siempre jugaba sola y tenía mucha imaginación; tardó mucho en aprender a hablar y cuando lo hizo, tampoco se prodigó demasiado. Había ido al colegio con un buen rendimiento durante sus estudios primarios, pero arrastrando enormes dificultades para relacionarse. En realidad, su madre no recordaba que hubiera tenido una sola amiga de confianza.

Cuando terminó de estudiar, se fue recluyendo poco a poco en casa. Su familia, al principio, se preocupó un poco, pero como siempre había sido una chica solitaria y algo «rara», no le dieron tanta importancia. Ayudaba en las tareas domésticas y hacía pequeños recados. Pasaba mucho tiempo leyendo y mirando la televisión y su madre decía que en los últimos tiempos se había aficionado a jugar con el ordenador: «Navego a veces en Internet», nos diría después en un susurro casi indescifrable. Era responsable y, a su manera, cariñosa, y no daba problemas importantes. Bueno, no los había dado hasta hacía un año.

Su madre nos contó que sin motivo aparente, Cristina había empezado a comportarse de una manera extraña. Se mostraba irritable, respondona, y en ocasiones gritaba e insultaba. Con frecuencia era presa de unos ataques de agitación incontrolables en los que había llegado a tirar platos y otros objetos de la casa. Cuando le preguntaban qué le pasaba, contestaba de la misma manera esquiva e irascible: «¡Iros a la mierda!».

La verdad es que se hacía muy difícil imaginar que de ese cuerpo diminuto de aspecto frágil y huidizo pudiera surgir tal actividad destructora, pero su madre daba buena fe de ello y mostraba, sin el menor atisbo de orgullo, el recuerdo que una taza de café lanzada por su hija con extraordinaria precisión le había dejado en la frente.

Pero si bien esto era lo más llamativo, y lo que a la postre había motivado que acudieran a nosotros, había muchas otras actitudes nuevas (y algunas si cabe más sorprendentes) en el comportamiento de Cristina.

Nunca había comido mucho, pero sí lo suficiente para que no fuera un motivo de preocupación. Sin embargo, en esa última temporada, había perdido peso de forma significativa. Sus padres habían descubierto que escondía comida, se resistía a tomar alimentos con muchas calorías y, aunque ella lo negara, la oían vomitar casi a diario en el cuarto de baño. Había desaparecido comida de la cocina y sospechaban que podía darse también atracones. Pasaba mucho tiempo sola de cara a la pared y la oían hablar y reírse sin que existiera motivo para ello. En fin, que aquella chica parecía un tratado completo de psicopatología.

Después de un buen rato de entrevista, invitamos a su madre a que saliera del despacho. Pensamos que quizá no hablaba porque ella estaba delante. No era así. No conseguimos apenas sacarle más que monosílabos. Pero a pesar de ello nos dejó claro, con una rotundidad que nos sorprendió a todos, que estaba dispuesta a hacer el tratamiento.

Aquel mismo día aprovechamos para realizarle una exploración física. Era algo rutinario. La enfermera pesaba, medía y tomaba las constantes a todos los pacientes nuevos, a modo de registro inicial.

—Cristina –le dijo con la dulzura que aquella chica producía–, pasa conmigo a la enfermería, por favor.

Ella la acompañó sin rechistar.

—Mira –continuó–, quiero que te quites la ropa y la pongas dentro de esa bolsa de ahí. Luego te tumbas en la camilla y te tapas hasta que venga el doctor, ¿de acuerdo?

Asintió con la cabeza. La enfermera salió y pasó a buscarme. Volvimos a la enfermería. Cristina había dejado la ropa doblada encima de la cama y ella estaba metida dentro de la bolsa.

—¡Pero Cristina! ¿Qué haces ahí metida?

Ella miraba desde la bolsa con cara de no entender nada. Hicimos que saliera y se tumbara en la camilla y, tras reprimir una sonrisa cómplice con la enfermera, comenzamos la exploración. Aparte de la extremada delgadez, todo parecía estar bien. Entonces se giró en la camilla y se tumbó boca abajo. De pronto vimos que, repartidas por toda la superficie de su espalda, aparecían decenas de heridas, marcas y cicatrices que apenas dejaban unos centímetros de piel sin afectar. «Qué extraño», pensé. Repasé mentalmente algunas de las afecciones de la piel que podían presentar lesiones similares: acné, dermatitis... No encajaban con ninguna. Me quedé pensativo durante unos segundos y Cristina pareció

notar mis dudas. Giró la cabeza un poco y, mirándome directamente a los ojos, dijo:

—Me las hago yo.

—¡Pero hija mía! –exclamé sin poder reprimir la sorpresa–. ¿Cómo es posible que te hagas esas heridas?

Y tomando esa frase como una literal necesidad de aclaración, Cristina, desde la misma posición en que se encontraba sobre la camilla, giró los brazos, y con una serie de
extrañas contorsiones, nos mostró cómo era capaz de alcanzar todos y cada uno de los rincones de su espalda, y apretar
y rascar con los dedos sobre sus heridas.

—¿Veis?, es fácil –dijo con resuelta indiferencia ante
nuestra estupefacción.

—Está bien, Cristina, puedes dejarlo. Anda, vístete y ve
con tu madre.

Cuando terminó, nos quedamos solos la enfermera y
yo. Ésta me miró con cara de espanto.

—¿Qué le pasa a esta niña, doctor? ¿Qué es lo que tiene?

La miré.

—No tengo ni la menor idea –me sinceré.

—Pero –siguió con tono anhelante– algún diagnóstico
tiene que tener, ¡algún diagnóstico!...

Y su exclamación quedó flotando en el aire ante mi
silencio.

«Algún diagnóstico tiene que tener.» Las palabras de la
enfermera repicaron en mi mente durante un buen rato.
«Claro –pensé–, todos los enfermos lo tienen: neurosis, ansiedad, esquizofrenia, psicosis, depresión, anorexia... Algunos
más claros, otros más conocidos, otros más extraños... pero
todos tienen un nombre. Un nombre que acabe con la
ansiedad y la incertidumbre de lo desconocido». «Aún no

sabemos lo que tiene...», pronunciamos, y al instante perci-
bimos en el rostro de nuestro interlocutor un gesto de
inquietud. Pero en cambio:

—Me han dicho que tengo hipocondría delirante.

—¿Y eso qué es?

—No lo sé, pero al menos ya saben lo que tengo...

Identificar lo que sucede como primer paso para su
resolución. Si disponemos del nombre de la enfermedad
sabremos cuáles son los síntomas, las complicaciones y la
evolución más frecuente. Después, sólo hay que seleccionar
el tratamiento que haya demostrado ser útil en otras ocasiones y aplicarlo.

Y no sólo eso. El diagnóstico nos permite además comu-
nicarnos con otros profesionales y trasmitirles una idea clara
de lo que le sucede a un determinado paciente, aunque no lo
haya visto nunca. También podemos diseñar estudios, inves-
tigar, descubrir nuevas posibilidades terapéuticas... Y todo
esto aplicando un solo nombre. Pero la cuestión es: ¿qué
nombre?

No es tan sencillo dar con el diagnóstico adecuado; y
sabemos que un error en él puede acarrear consecuencias
muy graves...

Quizá en otras especialidades la disponibilidad de pruebas y aparatos de medida facilitan sobremanera la tarea de
aplicar un diagnóstico correcto. Podemos apreciar una lesión
en la radiografía, alteraciones en la biopsia, o niveles eleva-
dos de colesterol o de tensión arterial. Disponemos de una
imagen o de una cifra por encima o por debajo de la cual
definimos un determinado trastorno.

Pero ¿qué sucede en la psicología o la psiquiatría? ¿Dónde está el límite de lo normal o lo patológico? Y no sólo eso, sino que, definidos con claridad los síntomas que nos transmite

una persona, muchas veces éstos son comunes a más de una patología. ¿Cómo saber entonces a cuál de ellas pertenece?

Será en ese caso la evolución de la enfermedad la que en muchas ocasiones juzgue como acertadas o no nuestras apreciaciones iniciales.

Así que no hay duda de que los diagnósticos son necesarios. Los necesitamos tanto los médicos como los pacientes. Pero también tienen sus contrapartidas: una vez aplicado un diagnóstico resulta una etiqueta difícil de despegar, que se aferra ejerciendo su acción, tanto en el paciente como en el médico.

Recibimos a un paciente diagnosticado de depresión, y de alguna extraña manera durante la entrevista, los síntomas depresivos se nos hacen particularmente evidentes. Quizá haya otros, y puede que la depresión no sea lo más importante pero, sin duda, vemos con más facilidad lo que estamos predispuestos a ver y aquello que confirma nuestras expectativas.

Identificamos, primero, lo que conocemos; y segundo, lo que deseamos encontrar. Y es mucho más sencillo ratificar un diagnóstico de depresión que despegar esa etiqueta y proponer otra que creamos que pueda ajustarse más.

¿Y qué ocurre con el paciente? En él también surte su efecto el diagnóstico. Le han dicho que es un enfermo depresivo y eso implica una serie de cosas que le suceden (estar triste, lloroso, sin ganas de nada...) y otras que puede o no puede hacer. Inevitablemente asumirá esos síntomas y limitaciones como algo propio e inherente a su situación... y, en ocasiones, a su propia persona. Se relacionará con su entorno de la forma en que se le reconoce. En este caso, como un enfermo depresivo, ya que parte de su identidad queda sujeta a ese diagnóstico.

En este sentido, resulta curioso observar cómo se presentan los pacientes a sus compañeros en las terapias de grupo:

—Hola, me llamo Sandra, tengo veintiocho años y soy esquizofrénica.

—Hola, Sandra, yo soy Javier, tengo veinte años y sufro de trastorno límite de la personalidad.

—Yo me llamo Paco y tengo trastorno bipolar.

—¿Y qué es eso?

—No lo sé, pero es lo que dicen los médicos que tengo...

En el hospital de día pronto prohibimos que lo hicieran así, con un diagnóstico aprendido y pocas veces entendido. Animamos a que dijeran quiénes eran y qué es lo que los hacía padecer, lejos de extrañas e incomprensibles etiquetas médicas.

Poco a poco, a medida que iban llegando nuevos pacientes al centro, los «veteranos», que tenían que volver a presentarse, añadían pequeños detalles que iban encontrando y aprendiendo acerca de sí mismos en las diferentes terapias y en la relación con los demás. Y lo hacían exhibiéndolos con un cierto orgullo, como pequeñas conquistas hacia una identidad difuminada quizá por demasiadas etiquetas:

—Hola, me llamo Sandra, tengo veintiocho años y lo que me pasa es que a veces siento que la gente me mira. También me cuesta relacionarme con los demás.

—Yo soy Javier, tengo veinte años y tengo un problema para controlar mis impulsos. Consumo drogas y discuto mucho con mi madre (porque en realidad no me gusta su novio...).

—Yo me llamo Paco, tengo treinta y cinco años y hay temporadas en las que me siento demasiado eufórico: duermo poco, gasto mucho dinero y creo que nada puede conmigo.

Luego me vengo abajo. Esto me ha causado algunos problemas con mi mujer...

Los diagnósticos. Todas esas mudas reflexiones habían surgido a raíz de la extraña chica que acabábamos de ver, quizá como un hábil recurso de la mente para dilatar una tarea que sabía necesaria. Los síntomas que describían ella y su madre, y los signos que habíamos identificado en la exploración, nos habían dejado completamente perplejos. No se parecían a nada de lo que hubiéramos visto antes. O tal vez, se parecían a demasiadas cosas. Esa joven de aspecto frágil y huidizo podía encajar en los diagnósticos de anorexia, bulimia, depresión, dismorfofobia, esquizofrenia, trastorno límite de la personalidad... En todos y en ninguno.

—¿Qué pongo en la ficha de ingreso, doctor? –inquirió finalmente la enfermera haciéndome regresar a la pragmática realidad.

Medité durante un segundo.

—*Trastorno psicológico no especificado.* Dígale que empieza la próxima semana, por favor.

«El tiempo nos lo dirá», pensé mientras salía de la enfermería sin llegar a pronunciar las palabras.

Y efectivamente, sería el incesante girar de las manecillas del reloj el que, a la postre, nos mostraría que no todas las cosas son lo que parecen ser.

Cristina acudió puntual a su cita y durante las primeras semanas dejamos que fuera adaptándose, mientras la controlábamos a una cierta distancia. Le costaba entablar relación con los demás pacientes y participaba poco en los grupos, pero no nos importaba mientras asistiera al centro con regularidad.

Aprendimos algunas cosas más acerca de ella. Nos contó que tenía un canario y un gato y que, durante los últimos dos años de encierro «voluntario» en su casa, éstos habían sido su mayor compañía. Era tal la relación que había establecido con ellos que llegaba a vestirlos con ropas que ella misma confeccionaba, les cortaba las uñas y el pelo, les daba cremas para la piel y los alimentaba con chocolate y otras *delicatesen* completamente ajenas a su dieta habitual. Cuando le preguntábamos acerca de tales conductas, nos sonreía y decía en voz baja: «A ellos les gusta... Bueno, al menos a mí sí», y profería un sonido agudo que interpretábamos como una risa. Yo imaginaba en secreto que si aquellos animales hubieran podido, habrían roto la ancestral animadversión entre ambas especies para unir sus fuerzas y fugarse juntos de tan extravagantes como indeseados cuidados.

También nos llamó la atención su comportamiento en torno a la comida. Sabíamos por su madre que en casa seguía con muchas reticencias para comer, y esto también lo observábamos en el hospital. Así que durante un tiempo decidimos que uno de los terapeutas se sentara con ella a la hora del almuerzo para animarla y empujarla a tomar algún bocado más de pan, un poco más de leche o una cucharada extra de lentejas.

Y nos turnábamos, porque aquel trabajo se hacía particularmente insoportable cuando un día tras otro veíamos cómo ingería cada vez menos alimentos. Las comidas se hacían interminables: dejaba caer el cuchillo sobre la comida y lo movía adelante y atrás como el arco sobre un violín. Parecía que su misión fuera erosionar el alimento en vez de cortarlo.

Algo estaba fallando porque, lejos de coger peso, estaba cada vez más delgada.

—Tenemos que hacer algo con Cristina. Su peso ha disminuido peligrosamente y de seguir así puede que necesite un ingreso. ¿Alguna idea? –pregunté a mis compañeros.

—Yo creo que hay que estar más encima de ella, presionarla un poco más: ¡que no se levante de la silla hasta que haya terminado todo lo del plato! –dijo el terapeuta ocupacional, el que más veces comía con ella.

—¡Eso es! Y darle una ración mayor... –corroboraron enseguida los demás.

—No nos engañemos –interrumpí–. Llevamos con esa estrategia casi ocho semanas y no hemos conseguido que gane peso, más bien al contrario. No sé si insistir en lo mismo va a servir de algo...

—¿Y por qué no dejamos la responsabilidad en sus manos? –dijo entonces la enfermera–. Llevamos demasiado tiempo pendientes de su comida, y quizá la estamos tratando como una niña. Debemos pensar y hacerle entender que es ella la que tiene que hacerse cargo de su alimentación.

—¿Y si no lo hace? –preguntaron los demás.

—Entonces, deberá abandonar el centro –respondió la enfermera con rotundidad.

Y eso fue lo que decidimos. Marcamos un peso mínimo y a partir de ese día dejamos de sentarnos con ella a la hora de comer. Y digo sentarnos porque, en realidad, no dejamos de vigilarla en secreto en todas y cada una de las comidas: aunque sabíamos que había que atenerse a lo acordado respecto al peso, no podíamos evitar sentir pena ante la posibilidad de que Cristina dejara definitivamente el centro.

Pero a pesar de todo, su forma de comer no cambió y durante los siguientes días fue acercándose peligrosa e inexorablemente al peso mínimo fijado...

Aquella tarde estábamos reunidos. Los pacientes se habían marchado hacía rato. O eso creíamos. De improviso alguien llamó a la puerta con tres casi imperceptibles golpes. Era Cristina.

—Cristina, ¿aún estás por aquí?

—¿Es que ya no me queréis? –dijo de manera casi inaudible, apenas asomando la cara desde el umbral de la puerta.

—¿Cómo dices?

—Que si ya no me queréis... –repitió mientras su cara se congestionaba.

—¿Por qué dices eso, Cristina? Claro que te queremos.

—Entonces, ¿por qué no os sentáis conmigo para comer? –se quejó sollozando abiertamente.

La enfermera se acercó a ella y le pasó el brazo sobre los hombros.

—Claro que te queremos, Cristina. Y por eso no podemos dejar que sigas perdiendo peso. Tienes que ser tú la que se haga cargo de tu alimentación. Ahora vete a casa y descansa.

Y dándole un sonoro beso en la mejilla, la despidió.

No sé realmente qué fue lo que surtió efecto, pero desde ese día su peso empezó a aumentar poco a poco. Seguramente su manera de vincularse con nosotros había sido a través de esas «tutorías» durante la comida. Una mala forma de hacerlo, pero una forma al fin y al cabo, que posteriormente, ante la amenaza de romper definitivamente nuestra relación, nos sirvió para reconducir el tratamiento.

Y desde ese día, casi de manera inadvertida, pudimos observar cómo ese cuerpo escuálido iba rellenándose, y empezábamos a adivinar (aún de forma muy difusa) la silueta de una bella chica escondida en su interior.

Ése fue el primer paso de las muchas mejoras que pudimos observar en Cristina, pero antes tuvimos que enfrentarnos a otros escollos durante el tratamiento. Fue el terapeuta ocupacional el que de nuevo llamó la atención sobre el primero de ellos.

—¡No tiene ninguna coordinación! Es como si nunca hubiera jugado con otras niñas o bailado en una discoteca. Se muestra incapaz de coger una pelota lanzada, y menos de dar palmas con un determinado ritmo. ¡Tiene las manos como cazos!

No era algo nuevo. De hecho, todos lo habíamos podido comprobar en una ocasión u otra.

—Tienes razón -corroboré-, pero espera un momento... -Una pequeña luz pareció iluminar un dato que ya conocíamos y que podía sernos útil-. ¿No tenía Cristina Internet en su casa?

—¡Cierto! Quizá podamos usar el ordenador para evaluar y estimular la coordinación de sus manos -exclamó el terapeuta ocupacional con cierto entusiasmo.

La llamamos al despacho al día siguiente y le pedimos que se sentara frente al ordenador.

—Muy bien, Cristina. Sabes manejar un ordenador, ¿verdad?

—Sí... Navego a veces por Internet... -dijo con ese hablar susurrante suyo

—Está bien. Nos gustaría que teclearas -pensé durante un momento-... por ejemplo, tu nombre y tu dirección, ¿vale?

Asintió con la cabeza. Entonces se irguió frente a la pantalla, y durante unos segundos la observó con indiferencia. Levantó las manos con seguridad y, de manera resuelta y casual, como si se tratara de algo que hubiera estado haciendo durante toda su vida, posó los dedos sobre el teclado. Y en ese momento, con una velocidad que nos sorprendió a todos, pulsó quince o veinte teclas con extraordinaria precisión. Levantó la vista del teclado y todos miramos a la pantalla: «ALJISNLLP OISH LHÑIFHS IOK». ¡No había dado ni una sola tecla a derechas!

Ésa fue la manera en que comprobamos que, efectivamente, tenía un serio problema de coordinación. Pero, paradojas de la vida, fue precisamente ese problema el que provocó un acontecimiento que iba a cambiar su futuro para siempre.

Sucedió pocas semanas después. En una de las terapias trataban de aprender los nombres de todos los pacientes con un sencillo juego. Colocados en círculo, se lanzaban una pelota de uno a otro, y al hacerlo tenían que decir en voz alta el nombre de la persona hacia la que ésta se dirigía. Y cada vez a mayor velocidad. Así, en pocos minutos los nombres de cada uno se pronunciaban en muchas ocasiones y quedaban fijados en la memoria de todos con bastante facilidad. El problema era que Cristina, presa de su torpeza habitual, cada vez que recibía el balón era incapaz de retenerlo en sus manos, interrumpiendo el ritmo de la actividad una y otra vez.

Los demás pacientes trataban de facilitarle la tarea lanzándole el balón de la manera más delicada y cuidadosa posible. Pero en uno de esos lanzamientos, la pelota salió hacia Cristina con una velocidad mayor de la esperada. Ella, nerviosa por atraparla, cruzó las manos delante de sí sin llegar apenas a rozar el balón, que le rebotó en la frente y salió despedido hacia arriba. Cristina, lejos de cejar en su empeño, levantó la mirada al cielo y, viendo que la pelota se desplazaba hacia atrás, empezó a moverse de espaldas con toda una suerte de saltitos, brincos y extrañas cabriolas.

Además, todos esos movimientos iban acompañados de unos gritos incomprensibles que parecían llenarla de un febril alborozo. El balón empezaba a descender y cuando estaba por fin a punto de cogerlo, la chica se golpeó ruidosamente la cabeza contra la pared del fondo de la sala, a la que había llegado sin darse cuenta. Todos nos quedamos en silencio mirándola. Ella cerró las manos casi por inercia y, sin saber bien cómo, atrapó la pelota. Yo pensé: «¡Se ha roto la crisma!». Pero ella, al percatarse de que había conseguido su objetivo, empezó a reír y gritar de alegría. Todos nos relajamos un momento, hasta que probablemente se dio cuenta del tremendo golpe que se había dado y dejó de reír. Su cara se contrajo en un gesto de estar a punto de romper a llorar y...

Fue en ese preciso momento, antes de que nos diera tiempo a reaccionar, cuando Francisco dio un paso al frente y se dirigió hacia ella con paso firme y ese ceño suyo permanentemente fruncido. Entonces todos observamos sorprendidos cómo levantó su mano gruesa y rugosa, y con extraordinaria dulzura y cuidado infinito, la apoyó en la cabeza de Cristina.

—¿Te duele? –le preguntó.

Ella le miró con sus ojos de color indefinido y dijo:

—Ahora ya no.

Y en ese instante, por vez primera desde que le conocíamos, Francisco sonrió.

Desde ese día, Francisco y Cristina se hicieron inseparables. Él iba a buscarla a casa y llegaban juntos al centro. Salían juntos de allí y también se veían todos los fines de semana.

Ni que decir tiene que esta relación hizo mucho bien en la evolución de ambos: Francisco sintió cómo dentro de su pecho un vacío largamente enraizado se llenaba (aunque le recordábamos con frecuencia que los demás no pueden ni deben ser los que llenen todas nuestras carencias) y Cristina parecía cada vez más resuelta y segura de sí misma.

Francisco continuó con su empleo de barrendero y pronto le ofrecieron un contrato a jornada completa; por su parte, Cristina comenzó un curso de estética donde pudo volcar sus aspiraciones laborales y pronto halló un empleo como aprendiz en una peluquería de su barrio.

Y un día, casi sin darnos cuenta, se fueron.

Durante unos meses no supimos prácticamente nada de ellos. Algunos de sus antiguos compañeros del centro, con los que aún tenían relación, nos contaron que se habían ido a vivir juntos a un piso de alquiler, que seguían trabajando y que las cosas parecían irles muy bien. Pero no tuvimos plena conciencia de ese hecho hasta que finalmente una mañana de primavera, Cristina vino a visitarnos.

Es difícil describir la impresión que nos dio verla de nuevo. No podíamos siquiera imaginar que aquella bella mujercita que nos saludaba resuelta y emocionada pudiera haber sido en algún momento la chica enfermiza y frágil que una vez vimos traspasar la misma puerta. ¡Qué orgullo y qué alegría verla tan espléndida! Tras los saludos y las primeras impresiones, la hice pasar un momento al despacho para poder hablar con un poco más de intimidad.

—Bueno, Cristina, estás muy guapa. ¿Cómo te van las cosas?

—Muy bien, doctor –dijo con la voz clara–. Hacía tiempo que no venía por aquí y se me ocurrió pasar a saludar...

—¡No sabes cómo me alegra que hayas podido venir! ¿Y Francisco, cómo está?

—Muy contento. Sigue trabajando. Le han hecho fijo, y a mí me han ascendido en la peluquería. ¡Las cosas nos van fenomenal!

—¡Qué bien! Me alegro mucho, Cristina -dije mirándola con dulzura.

Estuvimos poniéndonos al día durante un rato de los detalles de su vida actual y de los avatares de algunos de sus antiguos compañeros de terapia. Casi al terminar me pidió un antiguo informe médico del que no tenía copia. Busqué su historial y lo encontré con facilidad. Pero sin quererlo, no pude dejar de fijarme en una anotación hecha muchos meses atrás y sobre la que no habíamos vuelto a hablar: *Trastorno psicológico no especificado.* Miré a Cristina durante un segundo y casi sin meditarlo le pregunté:

—Cristina, ¿qué es realmente lo que te pasó para venir aquí?

Ella me devolvió con dulzura su mirada multicolor y, como si hubiera previsto la pregunta o simplemente no la sorprendiera en absoluto, dijo:

—He meditado mucho sobre esto, doctor. Creo que sucedieron una serie de cosas que me llevaron a la situación en la que estaba. Está claro que no me encontraba bien y me fui encerrando en casa poco a poco. Luego mi familia, lejos de solicitar ayuda, contribuyó a que me aislara aún más. No sé si es que no supieron qué hacer, o si fue por vergüenza... En fin, el caso es que yo me sentía encerrada en una situación insoportable... y creo que mi crisis fue la única forma que hallé de pedir ayuda. Fue mi manera de gritar: ¡socorro!

—Entiendo. Pero... y todos esos síntomas que vimos: los vómitos, las lesiones, las risas, los ataques de ira... ¡Parecía que tenías todos los diagnósticos!

—¡Ah!, ¿se refiere a las cosas que hacía? Bueno, yo no tenía ni idea de lo que hacía una persona que se encontraba mal. Así que todos esos síntomas... -hizo una pausa mientras se encogía en la silla con expresión avergonzada-... ¡los saqué de Internet!

—¡De Internet! -exclamé sorprendido y casi sin poder hablar-. Bueno, si ésa fue la manera que encontraste para poder salir de tu difícil situación, Cristina..., ¡bienvenida sea! -concluí finalmente, mientras nuestras sonrisas se ensanchaban al unísono.

«¡Supongo que estas son las ventajas y los inconvenientes de las nuevas tecnologías!», se dijo con abierta satisfacción.

En el fondo, le encantaba recordar la historia de aquella «extraña pareja» que había tenido una evolución tan positiva. A decir verdad, estaba necesitado de eso... Rememoraba aquella primera época en el hospital de día y se le asemejaba a una luna de miel entre pacientes y terapeutas, en la que todo marchaba sobre ruedas, a pesar de los problemas y dificultades cotidianos.

Pero no siempre fue así, y tuvieron que llegar tiempos verdaderamente difíciles, pruebas de fuego para ver si todo iba tan bien como parecía. Porque, en realidad, hasta entonces no habían surgido serias adversidades. Al menos no como los sucesos que ocurrieron poco después del alta de Cristina y Francisco, y que marcaron un antes y un después en la historia del hospital de día.

6

Carlos,
el Desgraciado

—No tenías que haberte molestado, Carlos, pero aun así muchas gracias.

En realidad lo decía con la boca pequeña, porque al joven médico le halagaba enormemente que un paciente le hiciera un regalo al acabar, con más o menos éxito, el tratamiento.

—No es nada, doctor, sólo un pequeño detalle –respondió Carlos, con ese hablar algo torpe que le caracterizaba y que se acentuaba en los momentos en que percibía la menor emotividad–. Sólo espero que le guste. Me ha ayudado usted mucho y ya me encuentro perfectamente bien...

A decir verdad, eso no era del todo cierto: no se encontraba *perfectamente* bien. Y el joven médico lo sabía. Pero la mejoría había sido razonable y no merecía la pena entorpecer ese momento grato con pensamientos que no venían al caso. Además, sabía por los libros que no convenía *psiquiatrizar* demasiado a los pacientes y que siempre era mejor dar un alta algo prematura, a la espera de que se completara la mejoría fuera de la terapia, que prolongar en exceso el tratamiento.

Le acompañaba su madre, que le observaba con su extraña expresión, mezcla de orgullo y ansiedad, sentada de la misma forma que cuando habían acudido por vez primera hacía unos meses.

Por aquel entonces Carlos, un chico de veintidós años poco agraciado, que nunca había dado un solo motivo de preocupación, había empezado a quejarse de tener *pensamientos suicidas*. Esa circunstancia alarmó primero a su madre –¡Ay Carlos, pero que estás diciendo!– y después a su médico de cabecera –¡No se preocupe, señora, que yo ahora mismo le pido cita con el psiquiatra!–, lo que hizo que en pocos días acudieran a la consulta de un médico «demasiado joven» según la primera impresión de la madre, que no erraba en su apreciación. De hecho, a ese médico le faltaban aún algunos meses para completar su formación en psiquiatría y se veía en la obligación de cubrir al titular, de baja por una inoportuna hepatitis.

Allí relataron de forma somera la historia de Carlos.

Desde muy pequeño había sido el «raro». Siempre tímido e introvertido, con dificultad para relacionarse, creció entre las bromas, a veces, y la ignorancia, casi siempre, de sus compañeros de clase. Esto, unido a la prematura muerte de su padre cuando Carlos tenía ocho años, hizo que desarrollara una excesiva dependencia de su madre, que se desvivía en cuidados y atenciones hacia él. Si bien algunos calificaban de negativa esa relación, de alguna manera había conseguido que ninguno de los dos sintiera con tanta intensidad la falta de amigos y las bromas de los compañeros por un lado, ni la soledad de quedarse sin marido, por el otro; y, realmente, ni la madre ni el hijo recordaban con amargura aquellos años.

Carlos acabó sus estudios de administrativo con la eficacia y discreción que había empleado siempre, y no tuvo dificultades para encontrar un trabajo en una biblioteca municipal. Pero allí sucedió algo que no había previsto y contra lo que no estaba inmunizado: se enamoró de una compañera.

De nada sirvieron sus viejas estrategias de «hacerse el invisible» o «evitar conflictos», porque no podía huir de aquello que le bullía por dentro con la fuerza de un amor idealizado y adolescente, y que era inevitablemente parte de sí mismo.

Haciendo acopio de toda la valentía de la que fue capaz, se decidió por fin a dar el paso de demostrar su amor, pero lo hizo con tal torpeza que si había alguna posibilidad de ser correspondido, ésta se esfumó para siempre: «Me halaga mucho esto que me dices, Carlos, pero... Vaya, que sí me ha dado en algún momento la impresión de que... bueno, ya sabes..., pues lo siento...».

Pero lejos de cejar en su empeño, Carlos reaccionó agobiando a la compañera con sus constantes y poco afortunados acercamientos, hasta el punto de que la chica, desbordada por la situación, pidió finalmente el traslado. Carlos se sintió desolado y fue a buscar el consuelo donde siempre lo había obtenido. Pero esa vez su madre no pudo ayudarle. La sensación de amenaza que la invadió la paralizó por completo, sumiéndola en un mar de contradicciones: quería proteger a Carlos, pero eso podía significar perderlo, quizá para siempre. Así, el miedo a quedarse de nuevo sola que vislumbró en esos recién descubiertos sentimientos de su hijo la llevó, sin necesidad de expresarlo con palabras, a censurarlos. Y Carlos sintió el vacío por primera vez. Un vacío y una pena inmensa, que se apoderaron de él sumiéndolo en la más absoluta desesperación.

Carlos dejó de trabajar y se encerró en casa. Pasaba la mayor parte del tiempo metido en la cama, apenas comía y empezó a mostrarse irritable y maleducado, lo que nunca antes había sido. Aparecieron entonces pensamientos obsesivos, interpretados como propios de un adolescente despechado. Pero la alarma saltó cuando verbalizó que también pensaba en la muerte, aunque «de momento» de una forma vaga e indefinida: «Deseo descansar... –decía-, desaparecer del todo, dormir y no despertar nunca...».

Así fue como llegó Carlos a la consulta, acompañado de su madre, que apenas le dejó hablar en la primera entrevista. Pero no fueron necesarias más explicaciones, porque a los ojos del joven médico estaba ya todo muy claro. Sólo había una forma de interpretarlo:

—Por decirlo con palabras sencillas, para que usted me entienda: Carlos sufre claramente de desamor (nosotros lo llamamos depresión reactiva, pero dejémonos de nombres técnicos). Y todos los síntomas que usted describe, incluidas esas llamativas ideas de muerte, son frecuentes en estos casos. Pero no se preocupen, porque este tipo de trastornos responden muy bien al tratamiento. Pondremos una medicación adecuada y ya verá como se le pasa en pocas semanas.

Así lo hizo, y lo cierto es que la evolución fue buena. Carlos se empezó a encontrar poco a poco mejor, hasta el punto de que pudo retomar su trabajo (la chica había sido trasladada, lo que facilitó mucho las cosas), y aunque no volvió a ser el mismo de antes, la mayor parte de los síntomas, incluidas esas «molestas ideas», desaparecieron.

—De nuevo gracias, Carlos. ¡Vaya, es preciosa! –dijo al descubrir una billetera de piel negra–. Ten por seguro que la usaré.

En realidad ya tenía una y por un segundo barruntó la posibilidad de regalarla a otra persona.

—Nos alegramos de que le guste –dijo la madre, cortando su hilo de pensamiento con cierto apremio.

—Sí, mucho. Bueno, este informe es para el médico de cabecera. Y si surgiera cualquier complicación, que espero que no, aquí estaré para lo que necesiten.

—Muchas gracias –dijeron madre e hijo casi al unísono mientras se levantaban para marcharse.

El joven médico les dio la mano y se quedó mirando cómo salían por la puerta sabiendo que, aunque las cosas se complicaran, seguramente él ya no estaría en ese puesto porque el médico titular no tardaría en reincorporarse. Así que las posibilidades de volver a ver a Carlos eran bastante remotas. Pero en eso, como en otras tantas ocasiones, también se equivocó.

Varios años después, yo ya no era tan joven. Tampoco es que fuera mayor, pero las canas empezaban a ser mayoría por encima de las orejas y la espalda me dolía con mayor frecuencia de lo habitual. Los años me habían aportado también algunas ventajas, y entre ellas la capacidad de saber esperar y la de comprender que las cosas no son siempre lo que parecen. Y aunque no estuviera esperando que Carlos volviera a cruzarse en mi camino, el día que entró por la puerta del despacho con su madre, de la misma forma que muchos años atrás, entendí que lo que entonces me pareció un adolescente tímido afecto de desamor debía de ser algo bastante más complejo para precisar ayuda tanto tiempo después.

—¡Qué alegría encontrarle de nuevo, doctor! ¡No sabíamos que trabajara usted en este centro! Ves, Carlos, al final vamos a tener suerte... Pero no te quedes ahí parado, hombre, saluda al doctor...

—Hola, doctor, ¿cómo está? Se acuerda de mí, ¿verdad? Nos trató hace muchos años, en la vieja consulta del centro...

La verdad es que resultaba difícil no recordarlo porque, si bien el aspecto de Carlos había cambiado, su forma de expresarse y mover las manos torpemente, junto a la perenne compañía de su madre, despertaron vivamente en mí recuerdos que creía olvidados.

—Claro, Carlos, cómo no me voy a acordar de ti. ¡Aún conservo la billetera que me regalaste cuando terminó el tratamiento! Pero ¿qué te trae de nuevo a verme? ¿Las cosas no han ido bien?

—Pues no, doctor –interpuso la madre-, la verdad es que Carlos se encuentra bastante peor... ¡Pero no sabe qué alegría nos ha dado verle de nuevo aquí! Nos ayudó tanto la otra vez...

—Me alegra que se sintieran bien atendidos. En realidad yo hice muy poquito. El mérito de la recuperación es de ustedes, sobre todo de Carlos –dije mientras le sonreía, tratando de devolverle el protagonismo que su madre le restaba-. Pero bueno, ésos son tiempos pasados. Siéntense y hablemos de lo que sucede ahora, y veamos si entre todos podemos hallar una solución...

Lo cierto es que Carlos presentaba un aspecto mucho peor. No sólo parecía muy envejecido, sino que su habla y movimientos resultaban más nerviosos y torpes. Me contaron con detalle cómo había transcurrido todo ese tiempo, y aunque la madre intentaba monopolizar la conversación, en esa ocasión intenté que Carlos fuera el que relatara lo sucedido con sus propias palabras.

Contó que, después de dejar el tratamiento, volvió a incorporarse al trabajo, recuperando su rutina anterior: acudía a la biblioteca con regularidad y cumplía con eficacia su cometido, e incluso llegó a salir al cine o a pasear en alguna ocasión con un compañero del trabajo. Pero aunque pasaron varios meses bajo el signo de esa aparente normalidad, no llegaba a ser el mismo de antes. Se mostraba más huraño e irritable, y no sólo en el trabajo, sino que su madre, en casa, también pudo ver sorprendida cómo Carlos la contradecía o contestaba mal en más de una ocasión.

Pasaba muchas horas en su cuarto leyendo, o simplemente tirado sobre la cama sin hacer nada. Cada vez se aislaba más, dejando de visitar a los pocos familiares cercanos que tenía, y a menudo salía solo y volvía pasadas varias horas sin dar ninguna explicación. Un día terminó su contrato en la biblioteca y no se lo renovaron: «Dijeron que sobraba gente, pero yo sé que enseguida vino otro chico en mi lugar...». Así, el trabajo, que de alguna forma le obligaba a mantener una actividad y unas relaciones fuera de su familia, desapareció.

A partir de entonces las cosas fueron empeorando progresivamente. La situación explotó una mañana varias semanas atrás. La madre de Carlos oyó golpes en la habitación donde llevaba encerrado algunas horas. Se acercó a la puerta. Escuchó cómo caían objetos y se rompían. No se atrevió a entrar y llamó desde fuera: «Carlos, ¿estás bien?». La respuesta fue un grito cargado de angustia y rabia que la paralizó durante un segundo, para luego impulsarla a abrir la puerta con el corazón en un puño. Carlos estaba de pie en mitad de la habitación, rodeado de libros caídos y objetos

rotos. Tenía la mirada perdida al frente, la cara contractura-
da y su cuerpo, que permanecía inmóvil, estaba completamente agarrotado y en una tensión extrema. Temblaba –«o
mejor dicho, doctor, vibraba»–. La madre gritó su nombre,
pero Carlos ni siquiera pareció advertirla. Se abrazó a él y vio
de pronto cómo las lágrimas empezaban a resbalarle por las
mejillas. «Carlos, mi pequeño Carlos, ¿qué es lo que te sucede?»

Le llevaron a urgencias y le administraron un calmante.
Carlos se tranquilizó y volvió de nuevo a su casa con el
diagnóstico de «ataque de ansiedad» y la indicación de que
estuviera en reposo y evitara cualquier factor que le pudiera
causar estrés. Así lo hicieron.

A pesar de la precavida insistencia de su madre, que aún
se encontraba muy afectada, Carlos no hizo ni un solo
comentario de lo sucedido. Pasaron varios días y aquel episodio volvió a repetirse. Y luego otro, y un tercero, y finalmente Carlos ingresó en el hospital para ser estudiado con
mayor profundidad. En realidad, no hallaron nada diferente:
«Son crisis de ansiedad, nos dijeron. No encontraron ninguna causa, pero como eran tan frecuentes y tan fuertes, nos
mandaron al centro con usted. ¡Ya ve qué suerte! Seguro que
esta vez también nos ayudará...».

Así fue como Carlos volvió a cruzarse de nuevo en mi
vida y, de alguna forma, era cierto lo que decía: se me presentaba la oportunidad de ayudarle de nuevo. Habían pasado
varios años y yo ya no era aquel médico novato e inseguro
que le vio por primera vez. Quizá ahora, con la perspectiva
del tiempo transcurrido, podría enfocar el tratamiento de
otra manera. Me preguntaba, y me respondía afirmativa-
mente, si en aquella ocasión no habría afrontado el caso de
una manera demasiado superficial. «Un adolescente afecto

de desamor», había escrito en su historial. Demasiado sencillo. Debía de haber muchas más connotaciones que ahora, al
ver la evolución claramente negativa de Carlos, se hacían
patentes de forma inevitable.

Repasé su historia mentalmente, y a la luz de la experiencia acumulada en esos años, observé los datos de otra
manera. Había pasado por alto muchas cosas y de otras ni
siquiera tenía constancia: ¿qué relación había tenido Carlos
con su padre? ¿De qué había fallecido éste? Y esa intensa relación de dependencia con su madre... ¿Se había enamorado
Carlos realmente o podía haber sido una manera de intentar
independizarse? Y de ser así, ¿podría con los remordimientos
de «traicionar» a su madre?...

Muchas preguntas sin respuesta, aunque quizá estaba
yendo demasiado lejos.

Sea como fuere, parece que el destino me daba una nueva oportunidad de ayudar a Carlos, y esa vez no valdrían
medias tintas.

—Está bien, Carlos –dije con manifiesto entusiasmo una
vez terminé con esas reflexiones–, creo que te podremos
ayudar.

—¡Gracias, doctor! –dijeron madre e hijo casi al unísono
en una imagen de nuevo familiar.

—Pues entonces, no hay tiempo que perder. Ven mañana a las diez y... ¡a trabajar!

Se levantaron y se dirigieron hacia la puerta pero, de
pronto, una sensación extraña, como de un temor difuso,
me invadió. Y me di cuenta de que tenía que ver con algo
que había olvidado preguntar.

—¡Una última cosa, Carlos, antes de que os vayáis! La primera vez que nos vimos te quejabas de que tenías pensamientos

acerca de la muerte, de desaparecer, dormir y no despertarte..., cosas así, ¿te acuerdas? Bueno, lo que quiero preguntarte es... –Dudé un instante–. ¿Los tienes también ahora?

Se quedó callado durante un segundo mirándome y finalmente dijo:

—¡Por supuesto que no, doctor! ¡Qué cosas tiene!

Se giró hacia su madre y sonrió.

—Está bien, Carlos, hasta mañana –dije, pero antes de terminar la frase, Carlos y su madre ya salían por la puerta.

Al día siguiente comenzó su tratamiento con nosotros. Recuerdo que esa primera mañana vino acompañado, como siempre, por su madre, que a pesar de su manifiesto deseo de dar aquel paso, le abrazó y le besó como si lo mandara a luchar a la más dura de las batallas:

—¡Ay, hijo mío! ¡Qué pena dejarte aquí solo...! Tiene que ser muy difícil, pero estoy segura de que te va a ir muy bien. No quiero que sufras... Te quiero hijo... Vamos, pasa ya... ¡Ay qué pena!... –le decía con lágrimas en los ojos y toda la ambivalencia del mundo.

Y lo cierto es que, tal y como intuía su madre, no fue nada fácil para él adaptarse al centro y a su rutina de terapias: llevaba demasiado tiempo metido en casa como para que no le inquietase tener que relacionarse con tanta gente nueva y mostrar parte de sus sentimientos y temores más íntimos. Así, durante las primeras semanas se le vio incluso más nervioso, y fue necesario recetar pequeñas dosis de tranquilizantes para ayudarle a continuar. Él mismo llegó a insinuar en más de una ocasión su deseo de abandonar el tratamiento por sentirse incapaz de hacerlo bien.

—¡Pero qué dices, Carlos! –le respondía yo con tono cariñoso–. ¡Si lo estás haciendo muy bien! Mira, todos los principios son difíciles, y más en un centro como éste. La mayoría de tus compañeros han pasado por este periodo de adaptación, que siempre es difícil... Ten un poco de paciencia y verás como te vas encontrando cada vez más cómodo y empiezas a mejorar...

Él me sonreía y asentía con la cabeza, pero no parecía demasiado convencido. No importaba. Ésa era una buena ocasión para que Carlos encauzara de nuevo su vida, y no podíamos rendirnos ante las primeras dificultades. ¡Y menos ahora que el destino parecía ofrecernos una nueva oportunidad de hacerlo mejor!

De forma intuitiva, tanto el resto de los profesionales del equipo como yo empezamos a vigilar a Carlos, sin que se percatara, durante los descansos de las terapias. Nos turnábamos para pasar casualmente a su lado con cualquier excusa, hablándole de trivialidades, intentando que se sintiera de alguna forma más arropado y protegido. También los demás pacientes, guiados por un curioso instinto de proteger al que perciben como más débil, procuraban integrarle y distraerle. Así, entre las charlas de unos, las distracciones de otros y el cariño de todos, fue pasando el tiempo.

Sin embargo, a pesar de todos nuestros esfuerzos, la angustia de Carlos parecía no disminuir.

—Es muy extraño –comentábamos en las reuniones del equipo–. Lo normal es que tras los primeros días de adaptación, la ansiedad y el nerviosismo vayan disminuyendo, pero en el caso de Carlos... ¡Si es que está tan inquieto como el primer día!

Y de pronto, cuando las dudas y la impotencia empezaban a aflorar en nuestro pensamiento, Carlos cambió. Y lo hizo de una forma radical. Casi de un día para otro. Parecía como si hubiera adquirido una serenidad completa, fruto de un conocimiento íntimo o de una secreta conclusión. Incluso físicamente pareció rejuvenecer. El ceño fruncido y la expresión ansiosa se borraron de su cara y sus movimientos se hicieron mucho más fluidos. También en las terapias empezó a mostrarse más participativo: hablaba con frecuencia de su padre, de la chica del trabajo de la que se enamoró, de la relación tan dependiente con su madre y de otros temas que apenas hubiera podido siquiera insinuar tan sólo unos días antes.

Estábamos absolutamente sorprendidos del cambio de Carlos. No podíamos ni imaginar qué era lo que había pasado, y conjeturábamos acerca de los posibles motivos sin hallar una respuesta clara. Pero en cualquier caso, nos congratulábamos al ver que todo parecía ir mucho mejor.

Sí, todo aparentaba ir mejor pero, como ya me había enseñado Carlos en una ocasión hacía muchos años, las cosas no son siempre lo que parecen.

El teléfono sonó demasiado temprano aquella mañana. Lo cogió Yolanda, una de las psicólogas. Al volverse estaba pálida. Me inquieté.

—¿Qué sucede, Yolanda?

—Es Carlos –dijo casi en un susurro–. Se ha suicidado.

—¿Qué?

—Hizo que su madre saliera de la casa. Abrió la ventana y... –su voz se quebró y rompió a llorar.

Nos miramos completamente paralizados sin decir nada, tan sólo escuchando el llanto desbordado de Yolanda.

—Pero ¿cómo es posible? Si llevaba una temporada en que estaba muchísimo mejor... Ayer mismo estuvo bromeando con el resto de sus compañeros y...

Entonces, sin necesidad de palabras, comprendimos por qué Carlos había mejorado tanto y tan rápidamente, «casi de un día para otro...»; mejoró el mismo día en que decidió que iba a dejar de sufrir para siempre.

No pudimos evitar pensar que durante todos esos días, la calma y la serenidad de Carlos partían de una decisión tan triste y dolorosa. Ese pensamiento nos llevó a sentimientos de indignación y enfado: le maldijimos, le repudiamos y, finalmente, le compadecimos.

Y entonces, antes de que llegaran las dudas y los remordimientos, que nos perseguirían en la intimidad deseando tan sólo poder haber intuido o haber hecho algo por evitarlo, entonces y sólo entonces, nos acordamos de su madre. Porque si bien antes o después, nosotros seríamos capaces de acallar esas voces en nuestro interior, a la madre de Carlos posiblemente la acompañarían durante mucho tiempo.

Cuando Yolanda se recobró nos dijo que la persona que había llamado era una vecina. La madre había salido a comprar y al volver vio un grupo de personas arremolinadas en la acera que murmuraban inquietas. Sin necesidad de palabras supo inmediatamente lo que había ocurrido. Y mientras se arrodillaba y estrechaba a Carlos ya inerte entre sus brazos, su corazón se rompió en mil pedazos.

Intentamos llamarla pero no conseguimos localizarla, ni ella intentó tampoco ponerse en contacto con nosotros. Tenía un hermano en otra provincia y allí se marchó. Nunca volvimos a hablar ni a saber nada más de ella.

Lo que sí sé es que nos acordamos de tanto en tanto de Carlos, y que ahora somos capaces de bromear con anécdotas suyas de cuando estaba en tratamiento. Pero también sé que el día en que Carlos decidió no seguir luchando, no sólo se truncó una vida. Y eso es algo que nunca podremos perdonarle. Su madre seguramente tenga que lidiar con unos profundos sentimientos de culpa, a pesar de que no tuvo ninguna posibilidad de salvar a su hijo.

«Mamá vete ya...» «No, Carlos, no me voy a ir, que no quiero ir sola.» «Que no, que te vayas a comprar, yo no quiero ir...» «No, Carlos...» «Sí, déjame solo mamá...» «No quiero dejarte solo, anda vente conmigo, Carlos, por favor...» «Mamá, si no vas tu sola a comprar, me enfado...» «Por Dios, hijo... Sabes que no puedo con las cosas yo sola...», repitió por última vez a modo de súplica. «Que te he dicho que no, mamá; ve tú. Anda, no seas pesada. Adiós», y cerró la puerta. «Vale, Carlos –dijo desde el otro lado–, espérame, que vuelvo en seguida...» Y sin saber por qué, se apresuró por las escaleras con una extraña sensación de angustia en el pecho...

No sé si leerás esta historia, Herminia, ni siquiera si la reconocerás con los nombres y detalles cambiados. Sólo quiero que sepas que lo siento, y que esta historia, sobre tu vida y la de tu hijo, es para ti.

Acarició de nuevo la piel de esa cartera que se mantenía tan tersa y brillante como el día que la vio por primera vez. «Tantos años metida en su caja...», pensó. Los mismos que Carlos llevaba dentro de su pecho. Y a pesar de que sabía que nada más se podía haber hecho y que la decisión última de disponer de su vida fue del propio Carlos, entendía perfectamente la angustia y la culpa que perseguiría a su madre. Y lo entendía porque, de alguna manera, esa culpa también le perseguía a él. Y en ocasiones, sin que fuera realmente consciente de ello, al tratar a tal o cual paciente, defendía la necesidad de ingresarlo en el hospital, «para vigilarle, por si acaso...», en contra de la opinión de sus compañeros, que no lo consideraban necesario. Pero lo hacía con tal vehemencia que no podían oponerse a él, y acataban su decisión mientras le miraban preguntándose el origen de tan excesiva prudencia.

Acomodó la cartera en su estuche y la depositó con cuidado, junto a otros objetos personales, al fondo de la caja que llevaba varios días preparando. En ese momento sonó la puerta y cuando asomó la cara de la enfermera ya la había escondido debajo de la mesa.

—Es la hora del grupo, doctor.

—Sí, gracias, María, ahora mismo salgo...

—¿Le ocurre algo? No tiene buena cara.

—No, nada, estoy bien, ya voy.

Cuando, después de hora y media, regresó del grupo de terapia, no se percató de que una media sonrisa se dibujaba de nuevo en su cara. Y es que, por mucho tiempo que pasara, cuando creía que ya lo había visto todo, las historias de sus pacientes no dejaban de sorprenderle...

7

La historia de la *bicha*

Cuando uno se cree que ya lo ha visto todo, aparece un nuevo paciente que se encarga de recordarnos que por mucho tiempo que pasemos en esta profesión, siempre estamos aprendiendo. Y menos mal que es así, porque ¿qué sería de nosotros si perdiéramos la curiosidad y la capacidad para el asombro?

Cuando era más joven me aterraban las terapias de grupo. Si entrevistas a una persona de forma individual, la sensación de que controlas las cosas es mucho más evidente: el paciente está sentado en una silla generalmente más baja que la del médico, hay una enorme y gruesa mesa de por medio, una bata blanca, y finalmente una enfermera flanqueada por uno o dos fornidos estudiantes de medicina. En esas circunstancias, y amparado por semejante infraestructura, las posibilidades del paciente para influir en lo que sucede están claramente mermadas.

Pero ¿qué sucede en una terapia de grupo? Para empezar no hay uno, sino ocho o diez pacientes que se sientan en círculo, en una silla igual a la tuya. Que estén en círculo está bien porque puedes controlar de un vistazo a todo el grupo, pero, ¡horror!, te das cuenta de que además de estar rodeado, ¡todo el grupo también te controla a ti! Y ni siquiera dispones de una triste mesa tras la que parapetarte...

Diez pacientes, diez patologías, diez problemas, diez historias, cientos de afectos... A uno sólo le queda encogerse en su silla mientras se abriga mucho con la bata o, directamente, salir corriendo.

Y entonces te preguntas: si esta situación es tan horrible, ¿por qué existen y se aconsejan las terapias de grupo? El primer pensamiento es que sólo una mente perversa pudo imaginar una situación tan cruel para el psiquiatra o el psicólogo. Pero cuando ves a un profesional experimentado llevar una terapia de grupo, te das cuenta de que funcionan. Y de que si eres capaz de canalizar de forma positiva toda la energía que, en forma de afectos y de sentimientos, se crea en una situación así, los beneficios son enormes para todos.

No obstante, para llegar a ese punto hay que ser consciente de que no son diez pacientes, diez patologías o diez problemas, sino que son once personas con once historias y cientos de afectos los que participan de la terapia. Porque por mucho que lo queramos evitar, nosotros también estamos ahí, y nos exponemos y abrimos un pedacito de nuestra alma.

Aún hoy, tras muchos años de experiencia y muchas terapias de grupo a las espaldas, no puedo evitar sentir un instante de incertidumbre y desnuda vulnerabilidad cuando finalmente todos nos sentamos y se completa el círculo, segundos antes de que alguien comience a hablar.

Como digo, las historias de los pacientes nunca dejan de asombrarnos. En aquella terapia de grupo hablaba por primera vez Marcial, un hombre recién llegado que tuvo la generosidad de compartir con nosotros su singular y sorprendente historia...

—Lo contaré exactamente como sucedió, doctor, sin olvidar nada. Ya se lo he explicado en otras ocasiones a colegas de usted, y puedo asegurarle que hasta ahora ninguno ha sabido dar una explicación convincente a los extraños acontecimientos que me sucedieron aquella noche. Acontecimientos que, por otra parte, estuvieron a punto de costarle un enorme disgusto a mi difunta esposa (pobrecita mía, que Dios la guarde), que fue la que más padeció.

»Ocurrió en la noche del 24 de junio de hace ahora quince años. Lo recuerdo bien porque ese día en el pueblo se celebraba, como todos los años, la fiesta de San Juan. Después de cenar, nos reuníamos todos los vecinos en la plaza del pueblo: se hacían hogueras, había baile y dejábamos que los niños se quedaran jugando hasta más tarde de lo habitual. La gente formaba corrillos y los jóvenes se perdían por el camino que salía detrás de la iglesia, ya sabe usted lo que quiero decir. En fin, para no extenderme demasiado y aunque me cueste reconocerlo, una fiesta como la de tantos otros pueblos de la región.

»Pero en lo que sí quiero hacer hincapié, doctor, porque en ello han insistido mucho siempre sus colegas, es que aquella noche no probé una sola gota de alcohol.

»Hubo dos cosas que heredé de mi padre (pobre hombre, que en paz descanse): una, su buena encarnadura. Cualquier herida la sanaba en cuestión de horas, lo cual era muy útil dada su profesión de labrador, siempre expuesto a cortes y arañazos; y la otra, que era incapaz de tomar ningún tipo de vino o licor sin que pareciera que fuera a morirse en ese mismo instante. Era probar, ¡qué digo probar, oler!, un vaso de vino, y se ponía rojo como un tomate, se mareaba y empezaba a vomitar sin remedio. Exactamente de la misma forma que me sucede a mí desde que tengo uso de razón. Así que, como ve, puede tener la completa seguridad de que no ingerí ni la menor cantidad de alcohol.

»El caso es que, entre baile y chascarrillos, nos dieron las cuatro de la mañana. Mi mujer y yo vivíamos muy cerca de la plaza, de modo que nos fuimos dando un paseo. Recuerdo que la llevaba por la cintura, no tanto como gesto de cariño, sino para guiar sus pasos algo titubeantes, ya que mi mujer (pobre mía, Dios la tenga en su gloria) no tenía mis limitaciones en cuanto al consumo de ponche.

»Cuando llegamos, después de desvestirnos y del correspondiente ritual de aseo nocturno, nos metimos en la cama. Y fue al poco rato, en el instante en que el sueño llega para vencerte y los párpados van a cerrarse definitivamente, cuando la vi. La vi con una total y absoluta claridad. Y puedo asegurarle, doctor, que no tengo palabras para describir la sensación de terror que me invadió al tener enfrente de mí, por vez primera en mis cuarenta y siete años de vida, a la *bicha*.

»Todos los sitios tienen sus fantasmas y monstruos infantiles: la bruja, el hombre del saco, el coco, las almas de los muertos... Ya sabe, esos seres aterradores que nuestros padres y abuelos han utilizado desde siempre para inculcarnos las cosas que no se podían hacer, bajo la amenaza de ser comidos o raptados: "No vayas cerca del pozo porque allí vive el fantasma de la vieja bruja...", o "no te adentres más allá del desfiladero si no quieres encontrarte con el hombre sin cabeza...".

»Y en nuestro pueblo estaba la *bicha*: una enorme serpiente reptante, ciega y con dos hileras de enormes dientes afilados. Nadie la había visto jamás, pero sabíamos a ciencia cierta que había devorado a más de dos y más de tres niños que se habían atrevido a hacer lo que no debían. Yo crecí bajo la sombra de ese temor, doctor, y ahora, después de tanto tiempo, la tenía justo debajo de mí...

»Me quedé paralizado por un instante, incapaz de mover ni un solo músculo. Albergué la esperanza de que no me hubiera visto... pero de pronto se irguió sobre su cuerpo húmedo y repugnante y me encaró, clavándome toda la negrura de sus cuencas vacías. Y en ese momento supe, sin el menor género de duda, que venía a por mí, y que no se detendría hasta tenerme...

»Me giré tan rápido como pude e intenté huir. Pero mis movimientos eran lentos y torpes. La *bicha* avanzaba sin remedio. Atravesó el suelo de la casa, y luego el techo del primero y del segundo piso, hasta que llegó a la habitación. La tenía justo detrás de mí y ya podía oler su hedor nauseabundo. No tenía escapatoria cuando...

»Mi mujer se despertó algo sobresaltada al ver que yo no paraba de moverme y gesticular. La pobre (Dios la bendiga) se giró para ver mejor qué era lo que me estaba pasando, con la mala fortuna de que me dio un codazo en el costado. En ese momento sentí cómo la *bicha* me atrapaba por fin, hincándome sus dos hileras de afilados dientes, y solté un alarido mientras me incorporaba en la cama bañado en sudor. Rápidamente me giré hacia la izquierda y vi un bulto (mi mujer, que instintivamente se había cubierto con la manta) que no dudé en identificar como la *bicha*. "Es mi única oportunidad", pensé, y me abalancé sobre aquel bulto, propinándole con toda mi alma toda suerte de mamporros y puñetazos.

»Le levanté todas y cada una de sus costillas y le llené el cuerpo y las nalgas de moratones. Cuando por fin me di cuenta de lo que había hecho, me detuve en seco. Y aquí viene, doctor, lo más sorprendente de todo. Bajé de la cama dejando a mi mujer entre lamentos y me dirigí a la cocina. Me hice un café. Me lo tomé. Entonces me puse la ropa, y con las mismas, salí de mi casa y empecé a caminar hacia el pueblo más cercano, que estaba a ocho kilómetros. Usted me preguntará por qué hice eso y le responderé lo que he respondido siempre: no lo sé. Sólo sé que en ese momento sentí que era lo que tenía que hacer, y no me planteé que pudiera existir ninguna otra alternativa.

»Cuando llegué al pueblo vecino, nada más entrar en las primeras calles, me paré en seco. Me llevé las manos a la cabeza y exclamé: "Dios mío, pero qué he hecho". Entonces me di la vuelta y me dirigí de nuevo a mi casa. Había salido a las cuatro y media de la mañana y regresé poco antes del mediodía. Afortunadamente, algunos vecinos habían acudido al auxilio de mi mujer, y para cuando entré en la casa, ya había sido reconocida por el médico y descansaba de los golpes en la cama. Cuando me acerqué, no pudo reprimir una mueca de espanto (pobrecita mía, no la culpo de nada), mientras yo me deshacía en llantos y disculpas. Tardó tres meses en perdonarme, pero eso sí, se cambió de habitación y no volvió a dormir conmigo en todos los días que le quedaron de vida.

»Y ésa es la historia de la *bicha*, doctor, exactamente tal y como sucedió, y tal y como la he contado en tantas ocasiones. Pero aunque nadie me ha sabido dar una explicación clara de por qué me comporté de aquella manera tan extraña, sí le diré algo: desde aquel día siento como si me hubiera quitado un enorme peso de encima, como si al fin me hubiera librado de la encarnación de uno de mis temores más antiguos. Y de alguna manera me he sentido más libre a la hora de hacer o decir cosas que en otro momento no me hubiera atrevido. Ahora ya no temo al futuro, ni a las cosas por venir. Porque, en definitiva, yo la vencí.

»Pienso que quizá todos deberíamos enfrentarnos a nuestra *bicha* antes o después. ¡Eso sí!, un consejo final, doctor: el día que se enfrente a la suya, procure que no haya nadie cerca...»

Pero no sólo dio tiempo en aquella terapia a que hablara Marcial. También Victoria participó con un episodio de su peculiar vida, que ayudó a despertar el ánimo y la sonrisa de todos los que la escucharon.

8

Victoria, *la Diabética adolescente*

La vida está llena de contrastes: nada es completamente alegre ni completamente trágico. Es más, en muchas ocasiones estos extremos parecen predispuestos a imbricarse de manera ineludible, mostrando al tiempo las dos caras de una misma moneda. Encontramos siempre un contrapunto a cualquier situación por muy positiva o negativa que la juzguemos. Esto es un hecho que podemos comprobar sin demasiado esfuerzo en cada suceso y en cada persona. Pero si alguien he conocido que reflejara con más intensidad la capacidad de mostrar a la vez lo trágico y lo cómico en cualquiera de las historias de su azarosa vida, esa persona es sin duda alguna Victoria.

Siempre fue una vividora. En el más profundo sentido de la palabra. Desde que tuvo uso de razón, Victoria sintió que la vida no estaba hecha para sufrir. Postulaba que había que disfrutar de cada momento, de cada situación y de cada persona hasta las últimas consecuencias. Creía en la capacidad infinita de amar del ser humano y hacía lo posible por que ésta se desarrollara, tanto en sí misma como en todos los que la rodeaban, aunque eso implicara relegar a un segundo plano otras responsabilidades. Confesaba sin tapujos su necesidad de experimentar nuevas sensaciones, de viajar y de conocer, y contaba con un extraordinario sentido del compromiso y una enorme capacidad de cariño.

Al poco tiempo de llegar se convirtió en una figura imprescindible en el centro. Su personalidad y trayectoria hicieron que muchos de los pacientes jóvenes vieran en ella una especie de figura materna capaz de saciar a los más carentes de afecto, y los mayores se sorprendían y disfrutaban con sus historias y aventuras.

Victoria era todo esto y muchas otras cosas, entre ellas una diabética absolutamente descontrolada desde su adolescencia.

Había nacido en una familia humilde, y aunque en ocasiones llegaron a pasar alguna mala racha con privaciones económicas, ella siempre recordaba su infancia como una época muy feliz. Siendo realistas, Victoria recordaba *toda* su vida como una época muy feliz.

Ya de jovencita empezó a tener discrepancias con sus padres y a mostrar su deseo de independizarse, cosa que hizo en cuanto pudo a pesar de la insistencia de su familia para que continuara con los estudios. Ella aseguró que los terminaría aunque viviera fuera de casa, pero en realidad los abandonó pronto y enseguida empezó a trabajar en diferentes oficios: daba masajes, hacía pequeñas chapuzas con sus amigos, ayudaba en tiendas, hizo de repartidora... No ganaba mucho, lo suficiente para satisfacer sus necesidades básicas, pero no le importaba porque lo que ella tenía era un hambre infinita de experiencias, y ésas engordaban día a día. Así, viajó, experimentó con el sexo, con las drogas, conoció gente muy interesante, se enamoró, rió, lloró, hizo planes... y todo ello mucho antes que la mayoría de las personas que había conocido.

La aparición de su diabetes no cambió su forma de vida, como tampoco lo hizo su maternidad. Consideró ambos acontecimientos como una experiencia más, y como tales, los asumió e integró en su vida.

Pasaron los años. Aquel verano, Victoria había ido a una ciudad costera con Julián, una antigua pareja con quien conservaba una buena amistad. Se habían enterado de que un escultor de figuras de arena iba a trabajar en las playas de aquella zona y les pareció muy interesante conocer a alguien que se ganaba la vida de una manera tan peculiar. ¡Estaba segura de que podrían compartir tantas vivencias...!

Resultó ser una persona encantadora y pronto les ofreció que colaboraran con él, a cambio de compartir las ganancias. Les pareció una idea estupenda. En ese mismo momento fueron nombrados «Aguadores de castillos de arena», cuya función era la de mantener la arena siempre húmeda mientras el escultor trabajaba dándole formas imposibles.

Desde ese día los tres vivieron en armonía durante semanas. Repartían lo que la gente les daba por contemplar las esculturas, y con eso pagaban el alojamiento y la comida. Era una época que Victoria guardaba con mucho cariño en su memoria y más aún cuando confesaba que se sintió muy atraída por el escultor, con el que finalmente inició una relación sentimental. Pero para su sorpresa, pasado el verano, el escultor se marchó sin mediar palabra. Una mañana al levantarse, simplemente se había ido. Eso sumió a Victoria y

Julián en el desconcierto, y por un instante no supieron qué hacer. Decidieron continuar con su rutina diaria, y durante algún tiempo, siguieron viviendo de los beneficios de las antiguas esculturas que, a falta de capacidad para crear otras nuevas, los dos se esforzaban en mantener.

Pero los días pasaron y un aguacero se encargó de terminar definitivamente con la belleza efímera de las esculturas y con su renta económica. Poco después, Julián se cansó y decidió volver a casa. Propuso a Victoria que se fueran juntos, pero ella tomó la decisión de continuar un tiempo más, para intentar «explotar aquel viaje hasta el final». La conocía demasiado bien para insistir, así que entre lágrimas y promesas de verse lo antes posible, se dijeron adiós.

A falta de otros medios, Victoria empezó a buscarse la vida tal y como lo había hecho en otras ocasiones: hacía malabares en la calle, daba masajes ocasionales a los turistas a cambio de algunas monedas y permanecía inmóvil con la cara maquillada simulando ser una estatua humana que cambiaba de posición al sonido de las monedas en el plato. Era una situación cómoda, sin más preocupaciones que la siguiente comida o el lugar donde pasar la noche, y como el tiempo acompañaba, lo hacía muchas veces al raso, en la playa. Allí conoció a algunos pescadores con los que entabló amistad, y con alguno de ellos, incluso algo más. Pronto empezó a pasar las noches en el apartamento alquilado que compartían.

Así, durante el día Victoria trabajaba en la calle sacando las monedas suficientes para mantener estable su eterna delgadez, y al atardecer se reunía con su círculo de amigos pescadores en la playa, donde charlaban durante horas hasta arreglar el mundo, reían, bebían, fumaban y exprimían el día hasta los últimos rayos de sol.

Una tarde Victoria empezó a sentirse mal. Bajó de la caja de cartón desde donde hacía un rato lanzaba tres pelotas al aire con habilidad y se sentó durante unos instantes esperando que fuera un mareo pasajero. Pero no fue así y comenzó a preocuparse. «Puede que sea la diabetes. Quizá una subida o bajada de los niveles de azúcar», pensó. Lo cierto es que hacía tiempo que no le prestaba demasiada atención a su enfermedad, aunque seguía la rutina de pincharse la insulina con la mecánica y la monotonía de quien lo lleva haciendo muchos años. Decidió comprobar los niveles de glucosa. Para ello se pinchó en el dedo, con cierta dificultad, y para su sorpresa verificó que estaban realmente bajos. Sabía que tenía que comer algo enseguida y como el piso de los pescadores no estaba lejos, encaminó hacia allí sus pasos. Subió tan rápidamente como pudo. Llamó a la puerta y abrió uno de los chicos. Hizo ademán de pasar, pero éste se interpuso:

—Lo siento –le dijo–, ahora no puedes pasar.

—Pero es que no me encuentro bien... –insistió Victoria quejumbrosa.

—¡Te he dicho que ahora no, vieja! ¿Es que no me has oído?

No tenía fuerza para discutir, así que se dio la vuelta, no sin antes echar un vistazo dentro del piso: varios chicos estaban sentados en el suelo y fumaban con los ojos entornados entre gruesas volutas de humo.

Sin saber bien cómo, descendió las escaleras con la mayor celeridad que pudo y al llegar a la calle, se dirigió al bar más próximo. Sintiendo que por fin encontraba lo que necesitaba, esbozó una mueca de satisfacción, vislumbrando ya en su mente el dulce zumo de frutas que iba a encargarse de remontar sus escasas reservas de azúcar...

En ese mismo momento, un grueso y sonrosado turista extranjero salía por la puerta del bar, alegre tras haberse refrescado con una fría cerveza, cuando sintió un golpe seco. Una mujer delgada y con cara de desesperación acababa de chocar contra su prominente barriga y salía despedida como un muñeco hacia la carretera. La mujer cayó de espaldas y se golpeó en la cabeza. Por un momento hizo ademán de incorporarse, pero se desplomó de nuevo quedando casi inconsciente. Pronto desapareció entre una nube de curiosos que se agolparon a su alrededor preguntándole si se encontraba bien. Sus caras desdibujadas fueron lo último que Victoria vio antes de despertarse en la cama de un hospital.

Cuando sucedió esta historia, Victoria tenía cuarenta y ocho años. Llevaba mucho tiempo viviendo de la misma manera y había descontrolado completamente el cuidado de su enfermedad. El desafortunado incidente había hecho posible que volviera a ponerse en manos de los médicos, después de muchos años. Pronto descubrieron que la diabetes le había afectado a los ojos (había perdido casi el 40% de su visión) y a los riñones. Victoria pareció sorprenderse mucho y no llegaba a comprender cómo era posible que hubiera pasado algo así. Intentaron localizar a algún amigo o familiar cercano para que se hiciera cargo de ella, pero nadie acudió a verla al hospital. Finalmente, hallaron a su hijo. Dijo abiertamente que no quería saber nada de su madre: «Si alguien no se preocupa de los demás, que no espere recibir nada a cambio», comentó con un tono amargo y triste antes de colgar definitivamente el teléfono.

Victoria se recuperó de aquella crisis. Se reajustaron las dosis de insulina y le pusieron medicación para sus otros problemas físicos. Los servicios sociales se encargaron, una vez de vuelta a la ciudad, de buscarle un alojamiento. También le facilitaron una persona de apoyo, que acudía varias horas al día a su domicilio para ayudarla con sus tareas y necesidades.

Todo parecía retomar el rumbo perdido hacía muchos años, quizá desde siempre. Salvo por una cosa. Victoria no llegaba a comprender qué era lo que había sucedido realmente. Pensaba, de una forma íntima y profunda, que había hecho todo lo posible para cuidar de su hijo, de su diabetes, de sus amigos. Sentía que había vivido una vida plena y rica, dedicada a sí misma y a los demás. Pero, entonces, ¿cómo podía encontrarse en semejante situación? Esa contradicción la confundía y la apenaba sobremanera, entorpeciendo también el cuidado de sus viejas y nuevas dolencias.

Así, para «aclarar mis confusos sentimientos» y «encontrar una solución a estos pensamientos contradictorios», tal y como me dijo la primera vez que vi su descuidada figura, Victoria empezó a acudir al hospital de día.

Tuvo que pasar mucho tiempo, pero mejoró. Sobre todo le costó asumir que no siempre había hecho *todo* lo que había podido por cuidar de su diabetes. Le costó darse cuenta de que, sin querer hacerle daño, había delegado la crianza de su hijo en familiares y amigos más o menos cercanos, y que estos «amigos» no lo eran tanto, ya que en más de una ocasión se habían aprovechado de ella. Ahora, a sus casi cincuenta años, se sentía más sola de lo que nunca hubiera imaginado.

Se dio cuenta de todas esas cosas y de algunas más. Pero lo que de verdad le costó fue plasmar esos pensamientos en acciones que cambiaran el rumbo de su errática situación. En este sentido, tuvimos que pelearnos muchas veces con ella para que controlara su diabetes con la rigurosidad que debía, ya que presentó varias hipoglucemias severas incluso estando en el hospital.

En aquella terapia de grupo, en la que Marcial nos narró con detalle la sorprendente historia de la *bicha*, tomé la palabra para insistir por enésima vez a Victoria en la necesidad de ser más estricta con los controles de su diabetes...

—Victoria, deberías tomar muy en serio el control de tu diabetes. Lo que te pasó el otro día podía haber sido muy grave si te llega a suceder sola en casa...

—Sí, ya lo sé, pero lo que pasa...

A esas alturas del tratamiento aún le costaba enormemente asumir esa responsabilidad.

—No me cuentes excusas, Victoria, ¡que podías haberte muerto!

—Tiene razón, doctor... –dijo bajando el tono de voz.

Fijó la vista en el suelo y se quedó pensando durante unos segundos.

—Recuerdo un episodio similar –comenzó a decir–. Era cuando vivía en aquel pueblo de la sierra. Era una aldea muy pequeña, de apenas unos veinte habitantes. Yo trabajaba entonces en la funeraria de un pueblo cercano. Recuerdo que era una mañana de domingo. Lo sé porque ése era el único día en que abrían la tienda del pueblo. Y digo la tienda porque sólo había una, y allí se podía encontrar de todo lo que uno precisaba para...

—Victoria –la interrumpí con delicadeza–, por favor, céntrate. El tiempo...

—Sí, está bien. Pues recuerdo que estaba sentada en el sillón y empecé a notar esas sensaciones que los diabéticos tenemos cuando el azúcar empieza a bajar demasiado: un ligero sudor, mareo... En un principio pensé que no podía ser una hipoglucemia: repasé lo que había comido y las dosis de insulina, y todo parecía en orden. Pero enfrascada en estos pensamientos pasaron unos minutos y, antes de que me diera cuenta, me encontré con que se me empezaba a nublar la vista y me costaba levantarme. Se me encendió definitivamente la voz de alarma: «Tengo que avisar a alguien y tomar algo de azúcar». Haciendo un notable esfuerzo, me levanté y me acerqué a la ventana. Por fortuna, mi casa daba a la plaza, y como aquél era el único día que abrían la tienda, estaba segura de que alguien me escucharía. Corrí las cortinas y abrí la ventana de par en par. No me había fijado en que, debido al sofocante calor del verano, estaba vestida únicamente con un sujetador y unas bragas. Así que no quiero imaginar la cara de las viejas del pueblo cuando miraron hacia arriba y vieron a una mujer semidesnuda y con los brazos abiertos de par en par, que gritaba:

«Azúuuuuuucaaaaaaaarrr, azúuuuuuucaaaaaaaarrr...».

»No era momento para preocuparse de eso, sino de conseguir algo que comer. Me dirigí, ya muy mareada y casi por intuición, hacia la cocina. Tenía que llegar a la nevera como fuera. La abrí. Miré dentro. Algunas latas, lechuga... "¡Dios mío –pensé–. No tengo nada dulce!". Lo que hay aquí no me sirve para subir el azúcar lo suficientemente rápido. Si tuviera algún caramelo o algo de fruta... Entonces lo vi. Un melón. Grande y gordo, verde y reluciente. Pero aunque hubiera sido azul y con espinas, no me habría importado, porque aquel melón podía salvarme la vida. Lo cogí con esfuerzo y entonces me di cuenta de que no estaba abierto. Me mareé aún más. Los objetos empezaron a darme vueltas, no me quedaban fuerzas. Se me doblaron las rodillas, y ni siquiera sabía si realmente alguien del pueblo había oído mi llamada de auxilio...

»Pero me equivoqué, porque aunque desde ese momento no recuerdo nada de lo sucedido, alguien había escuchado mi lamento: Paca y Luciana, dos hermanas de más de ochenta años, llegaron al piso acompañadas por el encargado de la tienda. Éste consiguió forzar la puerta con una barra de hierro y al llegar a la cocina, me encontraron.

»Y según cuentan, nunca olvidarán la escena: yo estaba tirada en el suelo con el melón en las manos, que había abierto a dentelladas, y lo devoraba como una posesa, llena de pipas por todo el cuerpo. Siempre me recuerdan que cuando retiré finalmente la cara del melón, vieron la expresión de felicidad más grande que jamás pudieron imaginar...

Todos nos quedamos callados observándola con los ojos abiertos como platos y una sonrisa contenida, por lo manifiestamente tragicómico de la situación. Adoptando como pude un tono serio y profesional le dije:

—Y bien, Victoria, ¿qué conclusión sacas de este episodio?

Dudó un segundo y finalmente dijo:

—¡Que entonces debía de tener una dentadura mucho mejor que la que tengo ahora!

Todos sin excepción, incluida la propia Victoria, reímos a carcajadas.

Y así, con esa sensación agridulce que dejaban las historias de Victoria, concluimos la terapia de grupo.

Finalmente Victoria se fue de alta con la conciencia más clara acerca de su vida, de lo que había sido y de las cosas que había hecho, y eso la hizo más libre para decidir acerca de su presente y de su futuro. Pero también se llevó consigo una nota de nostalgia de aquella época en que la felicidad residía en vivir al día, sin preocupaciones, en no saber las cosas, o en no querer saberlas.

Y reflejándose en Victoria, pensó que quizá él tampoco quería darse cuenta de que los ciclos se acaban, y que hay que enfrentarse a situaciones que por más que miremos para otro lado no desaparecen, sino que aguardan impasibles a nuestra inevitable llegada para decidir sobre ellas.

«¿Por qué me cuesta tanto siquiera fijar mi pensamiento sobre esto –se recriminó–, si me he enfrentado a situaciones verdaderamente duras y complicadas, mucho más de lo que ahora me acontece...?» Y empujada por esta reflexión, llegó a su memoria una de esas historias difíciles, que volvió a desviar de nuevo su atención hacia el pasado, demorando un poco más la resolución de sus problemas presentes...

9

Manuel y su secreto

Hay semanas en las que uno no debería entrar en la consulta. Parece como si todos los hados se confabularan para enviarte los casos más peregrinos y extraños, los más desconcertantes y también los más dolorosos. Y no es que sea un único caso aislado, sino que en ocasiones surgen varios al mismo tiempo, como si hubieran estado esperando agazapados a que una señal secreta y silenciosa les dijera: «¡Muy bien, ya podéis salir, vamos allá!».

Hoy me siento frente al ordenador en una tarde de domingo. No pensaba ponerme a escribir, pero tenía que repasar algunos informes y he acabado haciéndolo. Y no es por falta de motivos o de material. Quizá lo que ocurre es que ésta ha sido una de esas semanas.

Manuel llegó de una manera un tanto accidentada al hospital de día. Tenía cuarenta y pocos años y había trabajado toda la vida en la construcción. A pesar de su juventud, ya tenía tres nietos y su hija menor estaba esperando una nueva niña. Lo mandaba su médico de cabecera por depresión: «Pero bastante grave –me había comentado por teléfono–. Ha intentado suicidarse en más de una ocasión y hemos tenido que ingresarle dos veces en la planta de psiquiatría del hospital».

En realidad, ninguno de esos intentos había sido muy serio, y cualquiera podría decir que obedecían más a torpes intentos de reclamar la atención de sus hijos que a un deseo real de quitarse la vida. Según su historial, no había tenido nunca antes contacto con ningún psiquiatra o psicólogo, pero hacía unos tres años que había comenzado con esta espiral de pastillas, ingresos y psiquiatras, de la que parecía no poder salir sin ayuda.

Explorado en profundidad, no se había encontrado ningún motivo para que ese hombre, que aparentemente se había desenvuelto bien en la vida hasta entonces, cayera en esa dinámica destructiva. Era cierto que se había separado recientemente y que no se hablaba con alguno de los miembros de su familia, pero en general mantenía una buena relación con sus hijos y nietos, con los que convivía, y había sido siempre muy valorado en su trabajo. Su médico de cabecera pensó que acudir a nuestro centro podría cortar esa tendencia a ingresar de forma repetida: «Bueno, yo te lo mando y ya me contarás cómo va», soltó al final de la conversación con el alivio del que se quita un peso de encima. Y la verdad es que en aquel momento no podíamos llegar a imaginar la terrible dificultad que iba a entrañar este caso.

La primera vez que vi a Manuel me sorprendió. Traía un aspecto descuidado y sucio, pero ni su actitud ni sus movimientos eran los de una persona enferma. Le hice pasar y me saludó con un contundente apretón de manos, lo que no hizo sino confirmar mi primera impresión.

—Veamos. Manuel, ¿verdad? Sí, aquí está su ficha. Bien, dígame: ¿qué le pasa para que le manden a vernos? –pregunté de manera rutinaria, una vez que hubo tomado asiento.

—Verá, doctor, no me encuentro bien. Estoy bebiendo y fumando más de la cuenta. Paso todo el día tumbado en el sofá sin hacer nada; apenas salgo a la calle...

—¿Y por qué cree que está así, Manuel?

—En realidad no lo sé. Sólo sé que no quiero hacer las cosas. Tampoco me aseo y estoy muy irritable con mi familia...

Daba la impresión de que estuviera recitando toda una serie de síntomas aprendidos por los que no mostraba el menor interés. Eso le hacía parecer poco convincente y además dejaba toda la iniciativa de la entrevista en mi tejado. Resultaba cansado y de algún modo irritante.

—Bueno, pues si no lo sabe usted, ¿quién lo va a saber?

Notó el tono desagradable en la pregunta.

—¡Oiga, que yo he venido aquí a que me ayuden! –respondió con viveza–. ¡Y el médico es usted! Yo sólo sé que me encuentro mal. Además, a veces pienso en hacerme daño...

No había duda de que conocía los resortes que pueden despertar la preocupación del médico y que, con seguridad, había usado en otras ocasiones –demasiados ingresos para una patología que no parecía, al menos a primera vista, tan grave–. Me pareció que probablemente quería forzar la asistencia al centro, e insinuar ideas de suicidio podría ser un buen método para adelantar las cosas. No creí oportuno ceder ante ese primer intento de presión, así que asumiendo un cierto riesgo, le dije:

—Bueno, Manuel, pues eso sí que va a ser un problema. Este centro trata con pacientes con enfermedades graves, pero necesitamos una cierta estabilidad para trabajar. No podemos estar pendientes de alguien que tenga un riesgo alto de poder hacerse daño. Y necesitamos que eso esté controlado como un requisito previo imprescindible para venir...

Me miró sorprendido. No esperaba una respuesta así, quizá acostumbrado a una mayor atención a sus insinuaciones.

—De verdad que no estoy bien... ¡y tengo ideas de suicidio!

—Lo ve, es lo que le digo, Manuel; en esta situación no podemos tratarle aquí...

—Pero...

—Lo sentimos, quizá sea necesario un ingreso previo, para eliminar esas ideas. Hable de nuevo con su médico de cabecera, él podrá ayudarle con esto.

Me levanté hacia la puerta y él me siguió entre sorprendido y contrariado. Al salir me giré, y sin aparentar demasiada importancia, le dije:

—De todas maneras, Manuel, le doy cita para dentro de quince días. Quizá para entonces estén las cosas más tranquilas...

Me miró y asintió, como aceptando la sugerencia implícita de vernos de una manera diferente.

—Bien, doctor –dijo–. Hasta dentro de dos semanas.

Manuel acudió puntual a su cita. En esa segunda entrevista las cosas fueron mucho más fluidas. Habló de su situación en los últimos tres años, de cómo su ánimo había decaído mucho, había abandonado el trabajo y se había aislado progresivamente en casa, hasta no relacionarse más que con sus familiares más cercanos. Apuntó varios datos autobiográficos que parecían tener que ver con esa situación: se había separado hacía unos cinco años, después de un matrimonio difícil, y aunque sabía que no le convenía, seguía relacionándose con su ex mujer de forma esporádica. Tampoco la convivencia en su casa era buena: a menudo tenía que hacerse cargo de sus nietos y se sentía desbordado por la responsabilidad de cuidar a niños tan pequeños; económicamente no estaban muy bien y su hija menor estaba de nuevo embarazada...

Aunque con algunas reservas, que no acababan de concretarse, aquello fue suficiente para que Manuel probara a venir al centro. «En cualquier caso –dije para mis adentros– si hay algo raro, ya lo veremos con el tiempo...»

Comenzó el tratamiento enseguida y lo hizo cumpliendo escrupulosamente con el horario y las terapias. Para sorpresa de todos, pronto descubrimos que aunque no era una persona especialmente culta (no había terminado siquiera los estudios primarios), se mostraba como un hombre muy sagaz y con un extraordinario sentido común.

Sorprendía la manera en que era capaz de desmenuzar los prolijos y con frecuencia tediosos discursos de sus compañeros de terapia, prescindiendo de todo lo accesorio, para centrarse en lo que consideraba realmente importante. De esta forma, intervenía con consejos que dejaban perplejos a pacientes y terapeutas por su simplicidad y acierto: «Lo que te pasa es esto... o lo otro..., lo más sensato es que hagas tal o cual cosa...». Yo asentía dándole la razón en sus comentarios, como si estuviera verbalizando lo que yo mismo pensaba. Tengo que reconocer que en muchas ocasiones me encontraba perdido entre argumentos y justificaciones, y era Manuel el que nos centraba en la esencia de lo que se estaba diciendo.

Pero siempre era para los demás; siempre para el otro. Parecía como si esa habilidad le estuviera vedada para sí mismo.

¿No podía desentrañar qué era lo que le afligía, por qué cada cierto tiempo su ánimo decaía y se aislaba?

Cada vez teníamos más claro que, a pesar de nuestras dudas iniciales, algo preocupaba verdaderamente a Manuel. Y aunque acudía a diario y participaba de forma activa en todas las terapias, no pudimos evitar que ingresara en la planta de psiquiatría del hospital en varias ocasiones.

Siempre sucedía de una forma similar. Sin un motivo aparente empeoraba, comenzaba a beber, se encerraba en casa y abusaba de los tranquilizantes. También se descuidaba físicamente, y dejaba de atender a sus nietos, que era algo que llevaba a gala cuando estaba bien: «Este fin de semana hemos ido al cine»; «la pequeña es un trasto, pero es muy lista...»; «he comprado unas chucherías para ellos y esta tarde en el parque...». Pero de pronto no había cine, ni chucherías, ni parque, y en alguna ocasión expresaba con una enorme pena que había pegado una bofetada a alguno de los niños. También se comportaba mal con sus propios hijos y hermanos, no haciéndoles ningún caso, ni dejándose ayudar.

En el centro le veíamos taciturno, lento en todos sus movimientos y encorvado, como soportando un peso enorme. Hacíamos cábalas sobre qué provocaba esos estados. ¿Abuso de alcohol? No, eso era una consecuencia, no una causa. ¿Un nuevo reencuentro con su ex mujer? Sí, eso siempre le removía por dentro, pero no siempre coincidía...

Pensaba que si tan siquiera pudiéramos tener algún dato sobre el origen de su mal, quizá podríamos aliviarle en parte.

—Manuel, llevas ya varios días así. ¿Qué te pasa?

—No lo sé –contestaba siempre lo mismo–. No lo sé...

Pero, en realidad, sí lo sabía.

Una de las recaídas fue particularmente intensa. Incluso descubrimos en él graves ideas suicidas, a pesar de que esa vez intentó ocultarlas. Todo esto nos llevó a plantearle un nuevo ingreso en planta:

—Serán sólo unos días, Manuel. Es para que puedas descansar y desconectar. Y así aprovechamos para ajustar un poco el tratamiento...

—Está bien, lo que usted diga, doctor.

Aceptó la propuesta casi de forma inmediata, pero sin entusiasmo; como quien asume la consecuencia inevitable de una situación sin salida.

De esta forma ingresó, y durante un tiempo nos despreocupamos de él a la espera de su regreso, sabiendo que estaría bien atendido.

Una semana después sonó el teléfono del despacho. Era la hija de Manuel. La conocíamos porque a menudo pasaba a recogerle y charlaba unos momentos con nosotros.

Supuse que llamaba para dar noticias sobre la evolución de su padre, pero...

—Hemos denunciado a mi padre –dijo tajante.

—¿Cómo dices, Carmen?

—Llegamos a casa. Los niños jugaban en su cuarto. Fui a buscarlos para la cena. Cuando abrí la puerta, vi que la niña le había quitado el pantalón al pequeño.

—No entiendo...

—Mi hija tiene cuatro años. Sujetaba el pene de su hermano de tres y lo movía.

—Pero...

—Le pregunté qué era lo que estaba haciendo.

—No puede...

—¿Hija, qué haces, dónde has aprendido eso?

—Carmen...

—Tiene cuatro años, doctor. Sólo es una niña.

—No puede ser...

—Entonces me dijo: «El abuelo, mami...».

—¡Dios mío! –exclamé llevándome la mano a la boca.

—¡Yo sólo sé que mi hija tiene cuatro años! –gritó finalmente antes de echarse a llorar.

Me quedé totalmente bloqueado. No podía concebir eso en Manuel. «¿Estás segura? –pensé–. ¿Estás completamente segura de que Manuel ha podido hacer algo así? ¿Que siquiera se le ha podido pasar por la imaginación?» Todas esas dudas se agolpaban en mi mente, pero no pude articular ni una sola palabra.

Carmen dejó de llorar.

—Los dejé solos con él... –musitó–. Muchas veces los cuidaba...

—No se podía saber, Carmen –dije.

—No se podía saber –repitió–. Necesito un informe, doctor... ¡Algo que diga que eso no se podía prever, que nadie podía saberlo!

La culpa empezaba a asomar en su mente. De pronto sentí que no era únicamente en la suya.

—No lo sabíamos, Carmen, nunca sospechamos nada parecido. Ni tú ni nadie podía prever una cosa así, y menos viniendo de tu padre...

Se lo decía a ella, pero también me lo decía a mí, mientras trataba de encontrar en mi memoria cualquier indicio de que algo parecido hubiera podido suceder.

—¡No es mi padre! –gritó–. ¡No quiero volver a verle!

Intenté calmarla. Le pregunté sobre algunos detalles acerca de la situación en ese momento: si Manuel estaba ya enterado o no, si los niños habían sido atendidos de forma adecuada... Me lo detalló muy brevemente.

—Muy bien, Carmen, lo habéis hecho muy bien... -dije con tono tranquilizador-, ha sido lo correcto. Ahora sólo podéis cuidar de los niños y esperar a que la justicia actúe... -Eran palabras de consuelo, todo muy profesional.

—Atender a mis hijos... -musitó.

—...y haremos los informes y todo lo que esté en nuestra mano para aclarar esta situación. Por favor, llámame e infórmanos de lo que suceda.

—Lo haré. Gracias, doctor.

—De nada, Carmen. Cuidaos mucho.

Colgó.

Me quedé quieto unos segundos antes de salir del despacho y dirigirme a la sala donde estaba el resto del personal.

—¿Qué te pasa? No tienes buena cara... -preguntó alguien.

—Era la hija de Manuel.

—¡Ah!, ¿y qué tal se encuentra? ¿Van a darle pronto el alta?

—Parece que ha estado abusando de sus nietos...

—¿Qué dices?... ¡No me lo puedo creer! ¡Será hijo de...!

Todos se quedaron sorprendidos por un instante, pero enseguida la rabia y la indignación inundaron el ambiente.

Expliqué lo que había sucedido y cómo estaba la situación. Manuel permanecía ingresado. Le habían informado de todo, y él lo negaba desde el principio. Los niños estaban siendo evaluados por un perito experto y una vez concluido el examen, habría un juicio.

—Todo esto puede llevar un tiempo y es posible que a Manuel le den el alta antes de que todo esté resuelto -dije.

—¡Pues aquí no puede volver! ¡Es un pederasta!

—Así es –reafirmó un compañero–. Es un tema legal y aquí no podemos hacer nada.

—Cierto –corroboró la enfermera–. Además, es un asunto muy delicado y podría perjudicar a los otros pacientes. No debe volver aquí. Es por el bien de todos.

—No creo que sea tan fácil... –dije.

—¿Cómo que no? ¡Es un criminal! ¡No es un tema psiquiátrico!

—Sí, bueno, puede que sea como decís...

Alguien que hasta entonces no había dicho nada habló desde el fondo de la habitación. Era Esteban. Hacía funciones de administrativo y también se encargaba de las pequeñas reparaciones en el hospital.

—Ya está juzgado y condenado.

—¿Cómo dices, Esteban?

—Digo que aún no se sabe nada de lo que ha sucedido en realidad, y nosotros ya le hemos juzgado. Y hemos decidido que aquí no puede volver.

—Bueno...

—¿Alguien se ha planteado que Manuel niega todo lo sucedido? ¿Y si resulta que es inocente? No digo que lo sea, pero... ¿y si fuera así?

Nos quedamos en silencio. Esteban tenía razón. Nos habíamos dejado llevar (como en tantas otras ocasiones) por la sorpresa y el enfado. No queríamos aceptar esa terrible situación ni enfrentarnos a ella, así que lo que habíamos decidido era quitárnosla de encima: ¡que Manuel no venga más, y problema resuelto! Habíamos actuado dejándonos llevar por la rabia y, lo que era peor, justificamos nuestra decisión con razones más que convincentes.

—Esteban tiene razón –dije–. Si Manuel sale de alta le citaremos para una entrevista y hablaremos con él, tal y como hacemos con el resto de los pacientes.

Y así fue como volvimos a ver a Manuel.

No es fácil describir los sentimientos contradictorios que surgen ante una situación así. Somos profesionales, y como tales tenemos la obligación de atender a nuestros pacientes con el mismo respeto y predisposición, sin prejuicios ni sospechas. Pero también somos humanos, y no podemos sustraernos a la posibilidad de que la persona que tenemos enfrente haya cometido algo terrible. ¿Podemos ser imparciales ante alguien que sabemos que es un violador, un torturador, o ante una persona que agrede a su familia? La respuesta no es difícil. En ocasiones deseamos poder olvidar, o quizá no haber sabido nunca.

Aquel reencuentro con Manuel fue una de esas ocasiones. Traté de mantenerme ecuánime, pero las preguntas que salían de mi boca eran demasiado tangenciales para que no se notara que no lo estaba consiguiendo.

«No le preguntes –susurraba una voz en mi cabeza–. No le preguntes acerca de lo que los dos sabemos, de lo que está flotando en el aire durante toda la conversación, tan presente como un grueso muro de incertidumbre.»

Manuel me contó que había salido absuelto por falta de pruebas. Siempre lo negó todo, pero las relaciones con su hija se habían deteriorado demasiado y ya no podía volver a vivir con ellos. Cuando al final de la entrevista dijo que no quería volver al hospital de día, acepté su decisión, porque en el fondo era lo que deseaba que ocurriera. Dijo que tenía un viejo amigo en un pequeño pueblo pesquero de la costa y que tenía intención de irse con él. No fui capaz de poner ningún impedimento. Yo lo sabía y él también. Así que cuando se dirigió a la puerta con el peso del que se sabe juzgado, las dudas y el remordimiento se agolparon en mi mente:

—Manuel, yo sólo...

De pronto, se giró con la cabeza alta y la mirada triste. Y desde su infinito sentido común, el de la persona que comprende y acepta los avatares del destino, me interrumpió:

—No es necesario, doctor. Muchas gracias por todo.

Y salió por la puerta, para no regresar jamás.

Habían pasado varios meses desde ese día, y el recuerdo de Manuel se había ido difuminando, empujado por la vorágine de los nuevos pacientes y sus historias. Aquella mañana entré por la puerta, y el bullicio de patio de colegio que se oía al entrar en la sala de los terapeutas cesó bruscamente. Me encontré parado en el umbral, con todas las cabezas giradas hacia mí.

—Bueno, me vais a decir qué es lo que pasa o me vais a tener aquí de pie esperando... –dije con tono de broma.

—¿No te has enterado?

—¿De qué tendría que estar enterado?

—Ha salido en el periódico. Han detenido al hijo de Manuel.

Me quedé perplejo y avancé rápido a ojear el recorte que me ofrecían.

—Pero... aquí dice que le acusan de abusos a sus sobrinos... Pero entonces...

—Ha llamado la hija de Manuel. Dice que todo fue un error...

En ese momento comprendí cómo tuvo que sentirse Manuel cuando descubrió lo que estaba pasando con su hijo y sus nietos. Cuando seguramente habló con él y éste le prometió, entre lágrimas, que aquello no sucedería nunca más. Pero no ocurrió así. Volvió a suceder, una vez, y otra. Y a pesar de todo su pragmatismo y de su enorme sentido común, Manuel no supo qué hacer. No decir nada no solventaba las cosas, pero desvelar aquel secreto podía romper su familia en mil pedazos. Y así, sin hacer un solo gesto ni mirar atrás, Manuel cargó con un peso que se atenazó en su pecho y le hundió en el dolor. Se sacrificó por su hijo y renunció a lo único que tenía. A todo lo que tenía.

Pasado el tiempo, y con la distancia del que se reconoce como espectador, uno sabe que Manuel tenía que haberlo denunciado. Desde ese primer momento en el que supo qué era lo que estaba sucediendo. Eso es lo que Manuel mismo hubiera aconsejado, sin dudarlo un solo instante, a cualquiera que le hubiese pedido ayuda, en las mismas circunstancias. Pero ¿quién puede, sin estar realmente en su piel, juzgarle por la decisión que tomó? ¿Por creer que podría proteger a sus nietos y salvar a su hijo? ¿Por creer que efectivamente aquello no iba a ocurrir más?

Nunca supimos qué fue de Manuel. Su hija nos contó que había intentado ponerse en contacto con él, pero no había sido capaz. Cuando se marchó, no dejó una dirección clara y encontraron su teléfono móvil en un cajón de la casa familiar. Pasados unos meses, recibieron una postal escueta desde un pueblo de la costa. Era de Manuel. Decía que se encontraba bien y que no se preocuparan por él. Las hijas quisieron hacer otro intento de localizarle pero de alguna extraña manera nunca se llegó a concretar.

Y ya nunca volvimos a tener contacto con él, ni con nadie de su familia.

Desde entonces, algunas tardes, cuando el centro está en calma y la mente vaga dispersa en nada concreto, un gesto, un ruido o un nombre al azar me recuerdan a Manuel. Y sin saber por qué, me lo imagino sentado en el banco de un puerto repleto de casas blancas, apoyado en el respaldo con la frente alta; y con su mirada serena y triste, clavada en el horizonte de un mar azul e infinito...

Miró de nuevo su reloj y se sorprendió al ver que se le había echado el tiempo encima. Los pacientes ya habrían terminado de comer y pronto se marcharían para pasar el resto del día con sus familiares. Pero él aún debía permanecer un rato en el centro: a última hora se reunía todo el equipo de terapeutas para comentar, al aroma de la última taza de café, todo lo acontecido durante la mañana.

Era jueves, así que también tocaba hacer balance de los pacientes que habían sido dados de alta recientemente. Entrecerró los ojos para intentar recordar quién había sido el último, y casi sin esfuerzo evocó su historia, mientras un nombre se escapaba de sus labios: Armando.

10

Armando, o los
actores secundarios

Escribimos con el dedo sobre la arena, y en la siguiente ola, todo queda reducido a un recuerdo efímero. Señalamos la arcilla con la punta de un palo y la lluvia tiene que esforzarse durante días para difuminarlo. Esculpimos con un cincel sobre el mármol y la imagen queda fijada para siempre. Así funciona nuestra memoria. Sin saber por qué, como obedeciendo a una caprichosa lógica, algunos recuerdos permanecen en nosotros indelebles. Recuerdos y pensamientos que no queremos ni usamos, creencias que hace mucho que dejamos de considerar como válidas, persisten pese a todo, insistiendo en reclamar su sitio, su valía y su influjo.

Recuerdo con extraordinaria viveza la noche en que mi abuela me contó en detalle cómo había muerto un niño asfixiado con su propia almohada. Me explicó la manera en que había visto sus brazos y cabeza atrapados de tal manera entre la funda que no pudo moverse ni respirar hasta el fatal desenlace. Por supuesto, era todo mentira, y la mujer sólo quería disuadirme de mi empeño en usar aquel instrumento de adultos, que no correspondía a mi corta edad. Lo que ella no sabía es que aquello me quedaría tan profundamente grabado en la memoria que aún hoy, las pocas veces que duermo con almohada, me descubro pensando en aquel niño y en la postura incomprensible que tuvo que adoptar para acabar asfixiándose.

A Armando, su padre siempre le había dicho que la depresión era algo de *zánganos*. Que tal cosa no existía, y que eso era, simplemente, de gente que no quiere trabajar. «Si tienes voluntad como yo, y fuerza –le repetía cuando salía el tema–, eso no te pasa nunca. Nunca.»

Así, cuando una mañana Armando despertó después de varios días de luchar contra una pena y un pesar invisibles y no tuvo fuerzas para ir a trabajar, aquellas palabras hicieron que el dolor que sentía se incrementara con la sensación de haber traicionado una secreta máxima, largo tiempo olvidada.

—¿Una depresión? –preguntó con extrañeza a su médico de cabecera–. Yo pensé que eso le pasaba a otro tipo de personas...

—En realidad, Armando, le pasa a mucha más gente de la que creemos. Es una de las causas más frecuentes de enfermedad y de bajas laborales. Dicen que es la auténtica epidemia de nuestro tiempo... Pero no te preocupes, afortunadamente ahora hay muy buenos tratamientos y...

Pero Armando ya no escuchaba. Le bastaba con que se hubiera confirmado uno de sus más grandes temores. ¿Cómo podía estar él deprimido? Eso era imposible. Había sido siempre un gran trabajador, había luchado mucho y se enorgullecía de ello. Todos a su alrededor lo sabían. Y sobre todo, su padre, porque Armando siempre se había esforzado, de una u otra manera, en demostrárselo.

No, por mucho que ese médico se lo dijera, él no tenía ninguna depresión, ni necesitaba ninguno de esos modernos medicamentos «tan buenos y eficaces». Lo que le ocurría era simplemente que estaba teniendo una mala racha –demasiado estrés en el trabajo, nada más–, y estaba seguro de que esforzándose lo suficiente, saldría adelante como en tantas otras ocasiones.

Pero por desgracia no sucedió así, y lejos de mejorar, Armando empeoró. Fue metiéndose cada vez más en un pozo del que cada vez le costaba más salir. En vano luchaba por retomar sus actividades cotidianas, su trabajo, sus relaciones, pero ver que fracasaba en cada intento le hacía hundirse sin remedio. Su familia le apremiaba a volver al médico y a iniciar un tratamiento para ese mal que le aquejaba, pero en eso él se mostraba tajante.

Finalmente, atrapado en una espiral de la que no veía ya salida alguna, Armando decidió dejar de sufrir. Una tarde en la que estaba solo en su casa, se dirigió al botiquín. Reunió todas las pastillas que pudo, y las tomó mezclándolas con licor. Impaciente, presa ya del efecto de todo lo que había ingerido, se cortó con torpeza en una de las muñecas, antes de caer al suelo inconsciente.

Por fortuna, su hermana regresó antes de lo previsto y le encontró así tendido, rodeado de un charco de sangre. Cuando después de varias horas despertó, estaba en una cama de un hospital psiquiátrico, y lo primero que pensó fue en que había fracasado de nuevo. Con las escasas fuerzas de que disponía, y presa de una total desesperación, empezó a gritar y a llorar, pidiendo a voces que le dejaran terminar lo que había dejado inconcluso. Su compañero de habitación avisó a los médicos, que no tuvieron más remedio que sujetarle en la cama y sedarle, para evitar que se hiciera más daño. Así estuvo durante varios días, hasta que poco a poco fue encontrándose mejor. Incluso, no sin cierta resistencia, aceptó tomar algo de medicación. Trascurridas unas semanas, Armando fue finalmente dado de alta, puesto al cuidado de su familia.

Objetivamente se encontraba mejor: su aspecto físico era bueno y había retomado alguna de sus actividades habituales, incluida una pequeña parcela de su trabajo. Pero a las pocas semanas, volvió a empeorar. Su familia descubrió varias pastillas en la bolsa de la basura y Armando reconoció que había estado tirando la medicación desde que le habían dado el alta en el hospital: «Ya os dije que no necesitaba de ninguna medicación. Yo me encargaré de salir de ésta por mis propios medios...».

Aconsejados por su médico, la familia decidió traerle al hospital de día y, aunque en un primer momento mostró reticencia a venir, la amenaza de un nuevo ingreso terminó por convencerle.

Armando acababa de contarme en detalle toda su historia y me miraba ahora distante y frío, negando sin palabras cualquier posibilidad de recibir ayuda. Venía acompañado de su hermana y de su madre, que se sentaban ligeramente detrás de él, mirándole con creciente ansiedad.

Había tenido que esforzarme, preguntando una y otra vez acerca de todo lo sucedido, porque Armando se mostraba reacio a colaborar. Sentía que dada su actitud, iba a resultarme muy difícil convencerle para que se tratara con nosotros. Tras explicarle el funcionamiento del centro de la forma más optimista que supe, decidí plantearle abiertamente la cuestión:

—Bueno, Armando, ¿qué te parece? –le tuteaba a propósito, para generar un clima de mayor confianza–. Yo creo que te podría ser muy útil que vinieras durante un tiempo...

—No se moleste –contestó en seco–. Tengo muy claro que no necesito ayuda de nadie, y si he venido aquí es porque me ha forzado mi familia.

—Bueno –le respondí de forma conciliadora–, puede que tengas razón. Pero la verdad es que llevas un tiempo intentando salir de esto tú solo y no parece que las cosas hayan mejorado. ¿Por qué no probar algo diferente? Aceptar ayuda no es un signo de debilidad, sino más bien al contrario: denota una gran inteligencia.

Se quedó mirándome sin decir nada, e hizo una mueca de desprecio hacia mi vacuo intento de apelar a su intelecto. Empezaba a cansarme y pensé en tirar la toalla, pero sabía que Armando se merecía una oportunidad. La cuestión era: ¿cómo ayudar a alguien que no se quiere dejar? Miré hacia su madre y su hermana buscando apoyo, y en sus caras pude ver reflejados todo el dolor y la preocupación que sentían. Entonces...

—¿Sabes, Armando? En ocasiones escribo relatos con historias de mis pacientes.

—¿Ah, sí? Qué interesante... –comentó con desgana.

—Sí, y creo que podría sacar uno muy bueno de tu historia.

—Vaya, ¡qué bien! –ironizó–. ¡Ser de nuevo el protagonista de algo!

—Yo no he dicho que fueras tú el protagonista. De hecho, creo que resultaría muy interesante escribirlo desde el punto de vista de algunos de los personajes «secundarios».

Me miró con extrañeza y no sin cierto interés.

—¿A qué se refiere?... ¿Y qué personajes secundarios?...

—Podría empezar el relato –comencé– con la historia de un chico joven. Quizá el mismo chico que compartió contigo la habitación del hospital en el que ingresaste. Puede que tuviera una patología menor, algo sin importancia. Una noche ve como su compañero de cuarto, un suicida al que acaban de traer, empieza a agitarse. Angustiado, avisa a los médicos, que deciden atar a aquel hombre a una cama durante varios días y pincharle medicación para que se calme. Este hecho impacta mucho al chico y entonces... Lo que no sé es lo que sucederá después. Quizá la impresión de aquel acontecimiento hace que empeore de su enfermedad... o puede que, por el contrario, le haga tomar fuerzas para salir de ella y no acabar como aquel pobre «loco» al que tuvieron que atar...

Armando ya no sonreía y me miraba fijamente.

—O quizá el relato comience con una chica –proseguí sin darle tiempo para intervenir–. Una chica joven y guapa, con una vida normal: un trabajo que le gusta, una buena relación de pareja, con planes e ilusiones... Un buen día vuelve a su casa unas horas antes de lo esperado y descubre a su hermano inconsciente, en medio de un charco de sangre. Desde ese momento la angustia le invade y no puede dejar de pensar en qué es lo que ha podido hacer mal, para que su hermano cometa una atrocidad así. Deja de lado su vida y se dedica en cuerpo y alma a cuidarle e intentar que se recupere, porque se le parte el corazón de imaginar tan siquiera que pueda llegar a perderle...

—No siga, por favor...

Armando se giró y vio como el rostro de su hermana y de su madre estaban bañados en lágrimas. Y entonces no pudo evitar echarse a llorar él también, mientras se levantaba para abrazarlas y les preguntaba si alguna vez podrían llegar a perdonarle.

Armando comenzó enseguida el tratamiento con nosotros. Su depresión no era muy grave: sólo con tomar de forma adecuada la medicación, mejoró lo suficiente como para poder retomar su vida tal y como era antes de enfermar.

Pero hubo algo que le costó más de lo que nunca hubiera creído. Aprendió que algunos recuerdos permanecen en nosotros indelebles. Recuerdos de creencias como que los hombres no lloran, o que son capaces de salir de cualquier situación sin ayuda; o incluso el de que la depresión no existe y que es una cosa de vagos que no quieren trabajar...

—Pero no porque estén ahí y acudan a nuestra mente sin que lo deseemos, doctor –dijo Armando desde la puerta momentos antes de marcharse definitivamente–, no por eso tenemos que hacerles caso. Gracias por todo y hasta siempre.

Recordaba con mucho cariño a la madre y a la hermana de Armando: habían sufrido mucho durante todo el tiempo en el que éste estuvo atrapado por la depresión, pero colaboraron y lucharon sin descanso, hasta el final del tratamiento.

«Las familias son a veces las grandes olvidadas –reflexionó–. Nunca agradeceremos bastante su ayuda, aunque a veces...»

Y como si de una caprichosa carambola se tratara, revivió entonces la singular historia de Alberto y de su madre.

11

Las familias, o la curiosa historia de Alberto y su madre

—Sí, tiene usted razón, doctor -nos dicen los familiares-, está mucho mejor. Pero también está más rebelde y nos cuesta más que nos haga caso. Ha vuelto a salir con sus amigos, y si le digo la verdad, tengo miedo de que se vuelva a juntar con determinada gente...

Ésta es una de las quejas más frecuentes: queremos que nuestros familiares enfermos mejoren... pero no demasiado. Tenemos miedo de que vuelvan a hacerse daño, de no poder protegerlos y controlarlos como antes, de que no sepan cuidarse como nosotros lo hacemos. Pero por otro lado, también tememos que sí sean capaces de hacerlo, que vuelvan a ser independientes, que se marchen de nuestro lado, que nos dejen solos...

—Bueno, mujer, hay que ir dándole un poco de confianza cada día, y eso no es fácil. También ustedes lo están haciendo muy bien...

Estas situaciones se repiten con asombrosa regularidad en la evolución de los pacientes, por encima de síntomas y diagnósticos. Pero a pesar de que no podemos saber cómo va a reaccionar una familia ante la enfermedad de un ser querido, en la mayor parte de casos, contamos con su total colaboración. No hay que olvidar que aunque sólo uno es el enfermo, todos los que están a su alrededor sufren también las consecuencias. Y si bien en ocasiones un exceso de celo puede ser contraproducente, los cuidados de los familiares se hacen imprescindibles si queremos alcanzar el éxito en el tratamiento, y más aún cuando se trata de casos graves.

Pero a veces, la estrecha relación entre los que cuidan y los que son cuidados no viaja siempre en una sola dirección, sino que puede tomar caminos totalmente inesperados...

Alberto se sentó delante de mí mientras su madre, una encantadora mujer de setenta y siete años, esperaba pacientemente en la sala.

—Hola, Alberto, ¿cómo va todo? –le pregunté con la confianza del que ha compartido muchas visitas y no necesita preámbulos.

—Hola, doctor. Bueno, pues parece que las cosas van mejorando poco a poco. Incluso en casa se respira un mejor ambiente en general. ¡Fíjese que mi padre y yo incluso nos hablamos!

—¡Vaya! Eso sí que es un cambio positivo. ¿Y a qué crees que se ha debido?

—En realidad, no lo sé. No es que haya sucedido nada en especial... Yo creo que son rachas.

Ésa era la típica explicación ante una mejoría franca: se atribuye a la suerte, a una «buena racha», o incluso al tiempo meteorológico. A las personas les cuesta admitir su responsabilidad cuando las cosas van bien, quizá porque eso implica que también pudieron tenerla en los malos momentos.

—Vamos, Alberto, no seas modesto –insistí–. Seguro que habéis hecho algo para que las cosas vayan mejor...

—Se lo digo de verdad, doctor. Todo ha estado muy tranquilo. La única cosa fuera de la rutina fue la celebración del cumpleaños de mamá.

—¿Y qué tal fue? –pregunté con curiosidad. Si lo había asociado con la mejoría, quizá tendría algo que ver.

—Lo pasamos realmente bien. Además, hubo una pequeña anécdota en torno al regalo de mi madre.

—Esto se pone interesante...

—Fue una tontería. Yo le compré a mi madre un CD de música, uno de boleros de los que a ella le gustan, y también un libro de cocina italiana (o francesa, no me acuerdo bien). El caso es que le metí el primero debajo de la almohada y el libro en el armario, junto con su ropa, ya sabe, para darle una pequeña sorpresa a la mujer. Yo estaba impaciente por ver su reacción, así que la llamé pronto por la mañana:

—*¡Felicidades, mamá! Bueno, ¿qué te han parecido los regalos? –pregunté con cierta ansiedad.*

—*¿Que qué me han parecido? ¡Me han encantado! Pero quién lo iba a decir, ¡después de tantos años!...*

No entendía a qué se refería y me quedé extrañado durante un segundo.

—*¡Y qué detalle! –continuó con un tono de orgullo y alegría que hacía tiempo que no le escuchaba–. ¡Debajo de la almohada! No puedo creer que después de tanto tiempo tu padre aún tenga... Pero, espera un momento... No ha sido tu padre, ¡me lo has regalado tú!*

No me pregunte cómo, pero en ese momento, al ver la ilusión que le había hecho, reaccioné con rapidez y le dije:

—¡Pero qué dices, mamá! Yo te llamo por mi regalo, el que está en el armario junto a tu ropa.

—Ay, hijo, perdona. La verdad es que no lo he visto aún... Si es que con lo de tu padre... ¡Ay, qué ilusión!...

—Hablamos durante algunos minutos más y después colgó. Entonces me di cuenta de que había que hacer algo sin perder tiempo: tenía que llamar a mi padre a toda costa y avisarle de lo sucedido. Afortunadamente, él madruga todos los días para salir a dar un paseo (ya conoce usted su pelea con el dichoso colesterol), así que sólo tenía que marcar su móvil para decirle que mamá creía que el regalo era suyo y que debía seguir pensando que era así. Era una pequeña mentira piadosa que la haría muy feliz durante el resto del día, ¡y seguramente todo el mes! Así que saqué el móvil y me dispuse a llamar a mi padre...

—¿Y qué pasó, Alberto? –no podía negar que la historia había captado mi interés.

—Pues que me paré. Porque me di cuenta de que mi padre y yo hacía mucho tiempo que... Bueno, ya sabe..., no teníamos una relación muy fluida...

Era cierto. Él mismo y también su madre me habían mencionado en alguna ocasión que Alberto y su padre no hablaban demasiado. Pero no siempre había sido así.

—Entiendo... –dije invitándole a continuar.

—El caso es que pensé que no sabía muy bien por qué habíamos llegado a esa situación. Nunca nos hemos peleado. Peleado en serio, usted me entiende. Pero en los últimos años nos habíamos distanciado mucho... –Entornó los ojos, y siguió hablando de una forma casi automática, como si lo hiciera para sí mismo–: En realidad siempre fue un buen padre. Recuerdo que de pequeño jugábamos mucho juntos, y hubo un tiempo en que lo idolatraba... Pero las cosas empezaron a torcerse cuando llegué a la adolescencia... Ya sabe lo que ocurre: uno se empeña en independizarse de los padres a base de desobedecerles y de escupirles a la cara todos sus defectos y errores. Supongo que cuando pasa esa etapa tan compleja, la relación con ellos mejora y se restablecen de nuevo los lazos de una manera más adulta. Lo he visto en mis amigos, e incluso con mis hermanos, pero en mi caso... En fin, no sé lo que pasó, pero yo continué mi camino y él el suyo. Y aunque puedo asegurarle que nos queríamos mucho más de lo que ninguno podría confesar, nuestras vidas se distanciaron cada vez más...

—Lo que cuentas está muy bien, Alberto. No es nada fácil reconocer estos sentimientos en uno mismo, y más en relaciones tan cercanas e importantes como son las de nuestros padres. Pero dime, ¿qué hiciste después? ¿Cómo resolviste lo del regalo? –pregunté sin ocultar mi curiosidad.

—El caso es que pensé que si había alguna oportunidad para retomar al menos parte de nuestra deteriorada relación era ésta: un pequeño secreto que podía proporcionarnos algo de intimidad. Sería algo que guardaríamos sólo los dos, sin mamá por el medio, ¡que ya sabe lo que le gusta estar al tanto de todo lo que pasa!

—Sí, tienes razón –corroboré–. ¡Y menudo carácter que tiene! Si llegara a enterarse de ese secreto entre tu padre y tú...

—Volví a coger el móvil dispuesto a marcar, pero me costaba tanto... Por un instante pensé en pedirle a mi mujer que le llamara ella; tenía más confianza y se llevaban muy bien. «Ella lo hará mejor», me dije. Yo podría hablar con él otro día... Pero me estaba engañando a mí mismo. Era una excusa y lo sabía. Así que hice lo que había que hacer, y sin pensarlo más marqué el número...

—Bueno, estoy en ascuas...

—No se lo va a creer, pero en cuanto mi padre descolgó, fue como si los dos hubiéramos estado esperando ese momento durante mucho tiempo. Al principio, nos tanteamos inseguros mientras le explicaba lo sucedido con el regalo. Pero enseguida encontramos la complicidad que habíamos perdido tantos años antes y todo fue muy fácil. Y también muy bonito. Fíjese que durante esos minutos llegué a sentirme como cuando era niño y él me llevaba a jugar y hablábamos de tantas cosas... Es curioso, doctor, cómo las cosas se van complicando por tonterías. Y al final nuestros temores, muchos de ellos absurdos e irracionales, nos agarrotan. ¡Si hubiera sabido lo fácil que era, habría llamado mucho antes! Supongo que esto es lo que siempre pasa, pero ahora me hacían gracia las dudas de tan sólo unos minutos antes. Así que hablamos y hablamos durante un buen rato, y nos reímos pensando en la reacción de mamá si supiera de nuestras maquinaciones...

—¡Es estupendo eso que me cuentas, Alberto! -le dije con sinceridad.

—Y a partir de ese día hemos seguido manteniendo nuestra recién «redescubierta» relación. Precisamente hoy vamos a ir al centro a hacer varias compras... Pero bueno, doctor, creo que me estoy extendiendo demasiado. Y ya va siendo hora de que pase mi madre, que al fin y al cabo es la enferma...

Tenía razón, era a su madre a quien trataba desde hacía varios meses por un cuadro depresivo bastante grave, que a punto estuvo de necesitar un ingreso en el hospital. A ella le gustaba que pasara primero su hijo para «romper el hielo», y que éste me informara de las novedades antes de entrar ella al despacho.

—¿Y qué tal está?

—Como le decía, parece que va saliendo de la depresión poco a poco. Esa medicación que le pautó está siendo muy eficaz y la vemos bastante más animada.

—Estupendo, Alberto. Pues si no hay nada más que quieras comentarme, dile que pase y quédate tú en la sala.

—Está bien, doctor, pero una cosa más: por favor, tenga mucho cuidado de que no se le escape lo del regalo. Le disgustaría mucho, y ése es un secreto entre mi padre y yo.

—Descuida, pondré todo el cuidado del mundo.

Salió y al momento entró su madre. La verdad es que tal y como decía su hijo, tenía un aspecto mucho mejor que la última vez que la había visto, hacía tres semanas.

—Pase, doña Carmen, siéntese y cuénteme qué tal van las cosas.

Me saludó con un fuerte apretón de manos. «Buena señal», pensé, y enseguida pasó a relatarme las últimas incidencias. Sus quejas se centraron más en los achaques propios de sus setenta y siete años que en los síntomas de la depresión, que eran significativamente menores. Comentó, al igual que su hijo, que había un ambiente mejor en la familia y casi al final de la entrevista hizo mención al día de su cumpleaños. Con toda la prudencia, no pude evitar preguntarle acerca de los regalos.

—¿Y qué le regalaron, doña Carmen?

—Pues verá, doctor, mi hijo me compró un libro y un disco de boleros.

Me quedé sorprendido.

—¡Vaya! –le dije–. Pensé que el disco de boleros había sido cosa de su marido...

—Pues mire, doctor. En un primer momento pensé que sí, aunque me extrañó mucho, porque mi Julián nunca ha sido muy detallista. Pero en cuanto me llamó mi hijo supe inmediatamente que había sido él. Nunca ha sabido disimular el pobrecito...

—¡Así que está usted enterada de esto! –dije con sorpresa–. ¿Y por qué no lo contó?

—Fue algo muy extraño. Yo aún seguía muy delicada del ánimo, pero cuando me llamó mi hijo, me vi de pronto disimulando, diciéndole cuánta ilusión me había hecho el regalo de su padre. Intuí que, de alguna manera, eso podía ser bueno para ellos. «Por qué no», pensé. Quizá así tendría que llamarle para advertirle, y hablar... Ya sabe que ellos no se llevaban demasiado bien en los últimos años...

—¿Y qué pasó? –le pregunté haciéndome el despistado, al parecer con poco éxito, ya que la mueca de doña Carmen me hizo entender que yo disimulaba tan mal como su hijo.

—Debieron de hablar por teléfono, y después quedaron, y salieron... Y créame, doctor, que por primera vez desde hace muchos años, los he visto volver a reír juntos. Y permítame que le diga que ustedes, los hombres, son a veces un poco tontos: aún piensan que no me doy cuenta cuando, al hablar de «cuánta ilusión» me hizo aquel libro, se guiñan un ojo con complicidad.

—Y estoy seguro –le dije sin poder reprimir una sonrisa– de que eso a usted le encanta...

La reunión de equipo estaba a punto de terminar y recordó que ese día no volvería a casa, sino que pasaría la tarde y la noche en el hospital: tenía guardia.

Miró a sus compañeros y preguntó si quedaba algún asunto pendiente. Todos negaron con la cabeza, excepto David, el terapeuta ocupacional, que permanecía meditativo con la mirada fija en la mesa.

—David —le dijo—, ¿te preocupa algo?

—No, nada... Bueno, sí. Es el paciente que os he comentado antes, el chico que no para de lavarse las manos. Me tiene muy desorientado, no está avanzando nada y... ¡demonios, que no sé cómo ayudarle!

—Tranquilo, hombre, tranquilo. Ya sabes que a veces los pacientes tardan en mejorar —«e incluso algunos, desgraciadamente, nunca lo hacen», pensó—. Debes darle un tiempo... y a ti también. Estás haciendo bien tu trabajo...

—Lo sé —respondió—, pero no puedo evitar desesperarme en ocasiones.

—Para desesperación —medió entonces la enfermera—, la que te producía Marisa, ¿no te acuerdas? Entonces sí que se te veía agobiado.

David la miró asintiendo, mientras sonreía.

—¡Cómo me voy a olvidar de ella! La famosa Marisa, la Anfetamina.

Y sin darse cuenta se vieron de repente compartiendo una última taza de café, recordando la historia de aquella extraña mujer, que durante un tiempo tuvo desesperado al terapeuta ocupacional y, también, a todo el resto del equipo.

12

Marisa, *la Anfetamina*

—¡Esa mujer está fatal! –bramó sin pudor alguno el terapeuta ocupacional desde la puerta del despacho común, nada más terminar su hora de terapia–. Lleva todo el tiempo sin apenas levantar la cabeza de la mesa. Casi no habla, y si lo hace, es para lamentarse. Y se rasca constantemente los brazos hasta hacerse heridas... ¡No hay quien la entienda! Y lo peor de todo: ¡no tengo ni idea de qué hacer para ayudarla!

El bueno de David estaba experimentando uno de los sentimientos más poderosos y difíciles de aceptar por un terapeuta, que aparece siempre que intentamos ayudar a una persona, sin obtener el resultado deseado: la impotencia.

Se refería a Marisa. Había ingresado hacía escasamente unos días, y si en ese corto espacio de tiempo había producido un sentimiento tan intenso en el terapeuta ocupacional, no era difícil imaginar cómo se sentían sus familiares que le habían acompañado a la primera entrevista en el centro, hacía tan sólo unas semanas:

—Llevamos varios meses, por no decir años, doctor, con esta situación. Pero en los últimos tiempos, las cosas han empeorado verdaderamente... –nos comentaba su padre con cara de honda preocupación–. Ahora apenas se relaciona con nosotros, está cada vez más metida en su mundo, e incluso tenemos que obligarla para que se vista y se asee con normalidad. Se pasa todo el día sentada viendo la televisión, o metida en su cuarto. Y además hemos observado ciertas cosas... cosas raras...

Contuve un gesto de escepticismo mientras pensaba: «Cosas raras a un psiquiatra; si yo le contara...». Y acto seguido le hice un gesto con la cabeza para que continuara. Lo que dijo hizo que me retractara inmediatamente de mi último pensamiento.

—Verá, doctor. Marisa ha empezado a levantarse algunas noches. Intenta no hacer ruido, pero yo tengo el sueño muy ligero y me doy cuenta. Va a la cocina y ahí... –hizo una pausa, meditando lo que iba a decir– come.

—¿Come? ¿Y qué come?

—Come carne, doctor. Pero no la fríe.

Lo miré con cara de extrañeza.

—Verá, doctor, come carne, pero se la come... ¡cruda!

¡Cruda! «Cuándo aprenderás –pensé–. Siempre creyendo que ya lo has visto todo y que lo sabes todo...» Una vez que el hombre verbalizó aquella situación que tanto le horrorizaba, pudo entrar en detalles con más fluidez:

—Han desaparecido varios filetes, la carne picada, una bandeja de chuletillas de cordero y medio kilo de sardinas –dijo a modo de lista de supermercado.

Luego comentó que habían tratado de arreglar esa situación de todas las maneras posibles: siendo desde cariñosos con ella a estrictos, pasando por la indiferencia más absoluta, para volver al afecto y la sobreprotección. Toda la familia se había implicado en el cuidado de Marisa, y todos se hallaban ahora sumidos en la impotencia.

—Está bien –dije tratando de centrar la situación, para evitar que se alargara demasiado–. Es evidente que Marisa no se encuentra bien, y esta situación de comer carne cruda, aunque bastante sorprendente, no deja de ser una manifestación más de un problema que dura meses (si no años, como usted bien dice). Pero no se preocupen ahora. Han podido convencerla para acudir al centro y aquí haremos todo lo que esté en nuestra mano para que Marisa se recupere lo antes posible. Gracias por toda la información. En cuanto podamos –le dije al atribulado padre a modo de colofón, pensando ya en la reunión de equipo a la que llegaba tarde–, le citaré para contarle cómo va el tratamiento.

Y el padre salió del despacho, con cara de tener más cosas que decir.

Era extraño, pero no era la primera vez que veía una situación similar. No me refiero a que Marisa comiera esporádicamente carne cruda (aunque muy llamativo, era uno de los síntomas que menos debía preocupar a su familia). Me refiero al hecho de que llevaba muchos meses mal, con un progresivo abandono de sí misma, cortando todas las amarras y vinculaciones con el mundo que la rodeaba, incluida su familia. Y en cambio, su entorno se había adaptado a esa situación cada vez más grave y compleja, sin pensar en ningún momento en pedir ayuda. Hasta que de pronto, surge algo tan llamativo que hace que la situación se convierta en insostenible, y se deciden finalmente a mirar en otra dirección, en busca de consejo y orientación.

No, no era la primera vez que lo veía. Y por eso pensé que quizá «gracias» a devorar varios kilos de carne cruda, Marisa había conseguido romper una situación que se hacía insostenible para su familia y, seguramente, también para ella.

Lo cierto es que pocos días después de empezar el tratamiento, mucho antes de que pudiera ser incluso eficaz, ese extraño síntoma alimentario desapareció por completo. Y quedó entonces Marisa con su estado de aislamiento e introversión en el que llevaba más tiempo del que su familia creía reconocer, y que nos planteaba enormes dificultades para ayudarla...

—Debes tener paciencia, David -le decía comprensivo al terapeuta ocupacional-. Marisa acaba de llegar, hay que darle tiempo. Ahora sólo podemos poner a su disposición las herramientas, a la espera de que ella se vea capaz de utilizarlas.

—Sí -contestaba vehemente-, eso es fácil de decir. Pero cualquiera aguanta ver a alguien así y no poder hacer nada...

Pero no era *no hacer nada*. Ése es el velo que nos pone delante la frustración: sentir que lo que hacemos no sirve o no funciona. Es entonces cuando corremos el riesgo de abandonar. Y así, dejamos de atender a ese paciente con toda la intensidad que merece y nos justificamos dedicando más tiempo a los otros, «que sí saben aprovecharlo», o dicho de otra manera, nos resultan más gratificantes.

Costó mantener la constancia necesaria, pero una mañana, después de varias semanas sin apreciar el menor cambio, Marisa habló. Y lo hizo para explicarnos con total claridad qué era lo que le estaba pasando.

Fue durante una de las terapias de grupo. Me dirigí a ella para preguntarle de manera rutinaria qué era lo que opinaba sobre el comentario de uno de sus compañeros. Sin esperar realmente una respuesta, me quedé unos segundos mirándola con expectación. Cuando iba a girarme hacia otro paciente, de pronto dijo:

—Debe de estar sufriendo mucho. Seguro que hubo un tiempo en el que se encontró mejor... -Todos nos quedamos sorprendidos. Era la primera vez que participaba. No podía desaprovechar la oportunidad...

—Así es. Tu compañero lo está pasando mal con toda su situación. Todos a vuestra manera lo pasáis mal... ¿También te ocurre a ti, Marisa?

Y entonces habló. Lo hizo durante el resto de la terapia, y entendimos por qué esa mujer se había ido retrayendo cada vez más en sí misma, en una pronunciada cuesta abajo de la que parecía no poder salir.

Nos dijo que ella había sido siempre una chica normal: joven, guapa y llena de vitalidad. Tenía amigas, relaciones sociales, salía con chicos y tenía un trabajo en una librería en el que cobraba poco, pero que la llenaba. Disfrutaba de la vida, aprovechaba cada momento, cada instante.

—Era una mujer activa, feliz, viva -nos dijo con un tono de nostalgia, no exento de cierta amargura-; yo organizaba las fiestas y las excursiones en mi grupo de amistades. Y era muy buena en mi trabajo. Todo en mi vida había ido muy bien, hasta que...

Entonces nos contó que tuvo un percance en la librería. No quedaba muy claro, pero parece que uno de sus compañeros se enfadó con ella por un malentendido. Era algo sin importancia, pero ese hecho afectó profundamente a Marisa, hasta tal punto que empezó a rendir menos en su trabajo. La veían despistada y comenzó a cometer algunos fallos que hicieron que se hundiera un poco más. Casi sin darse

cuenta, fue sumiéndose en un estado depresivo. Dejó el trabajo y se fue encerrando en casa. El resto ya nos lo había
contado su padre: un aislamiento y abandono cada vez mayores, rompiendo casi la totalidad de sus relaciones, hasta llegar
finalmente al episodio de la «carne cruda» y, por último, al
hospital de día.

Eso fue lo que Marisa nos contó la primera vez que
pudo hablar, y a partir de entonces, fuimos conociendo más
detalles de lo que había sido la vida de esa mujer.

—Si me hubieran visto entonces... –comenzaba diciendo
con creciente entusiasmo–. Pura energía. Como si tuviera
un motor en el pecho que no parara nunca. Mis amigos me
llamaban cariñosamente «anfetamina». Siempre la primera
para todo, la más lanzada, la que tenía más iniciativa...
–Luego nos relataba con pelos y señales alguna de aquellas
aventuras de cuando se encontraba bien. Pero si le preguntábamos acerca de su situación actual, entonces su rostro
se ensombrecía e invariablemente se lamentaba–: Yo nunca
volveré a ser la misma, nunca... –Y retornaba a su encierro
silencioso, hasta que alguien le preguntaba de nuevo por
aquellos tiempos pretéritos, tan felices y prometedores.

Era una auténtica paradoja. Lo único que le hacía salir
a Marisa de su aislamiento era verse a sí misma en una época en la que se encontraba bien. Pero eso, a su vez, hacía que
se hundiera más y más. Vivía presa de sus recuerdos, de la
persona que había sido y con la que se comparaba constantemente. ¿Cómo luchar contra eso? ¿Cómo salvar la distancia
entre el yo hundido y quebrantado de ahora, y esa persona
activa y dinámica que había sido? Por fin teníamos una explicación a lo que le acontecía, pero lejos de ser la llave de la
cura, se mostraba como una parte nuclear del problema. La

única solución pasaba por que Marisa empezara a aceptar que quizá no volvería a ser como antes, y que a pesar de eso, podía tener una vida rica y gratificante.

Y a partir de ahí, nos pusimos a trabajar. Por un lado, aceptamos abiertamente la vida pasada de Marisa como algo con lo que teníamos que contar, para bien y para mal. Pero también comenzamos a exigirle pequeños avances en su día a día. Aspectos como el cuidado y el aseo personal, las relaciones con sus compañeros y una mayor participación en las terapias fueron nuestros objetivos a corto plazo. Frecuentemente nos encontrábamos con el listón infranqueable de su pasado –«eso lo hubiera hecho yo sin dificultad alguna cuando me encontraba bien; en cambio ahora...»–. Pero la tenacidad de unos y otros –«eso está bien Marisa, pero debes intentar hacerlo aquí y ahora»– fue consiguiendo pequeños resultados.

Era un buen momento para volver a citar a la familia y contrastar si los avances que observábamos se mantenían también en su domicilio.

Acudió de nuevo su padre, visiblemente más relajado, lo que nos dio la pista de que las cosas iban mejor. Discutimos algunos de los cambios positivos en el comportamiento de Marisa, y entonces su padre señaló que, a pesar de todo, tenía la sensación de que la mejoría estaba siendo muy lenta.

—Yo no entiendo, doctor, pero la verdad es que a mí me parece que va todo demasiado lento...

—Verá, creemos que el hecho de haber sido una mujer tan dinámica y activa en el pasado actúa de alguna manera como lastre: se compara constantemente con la persona que fue, y eso hace que en ocasiones se hunda más... Ya ve qué paradojas: ¿quién iba a decir que tener amigos, trabajo, novio y ser feliz pudiera entorpecerte en el futuro?...

—Pero, doctor, ¿qué está diciendo? –dijo de pronto–. ¡Si mi hija nunca fue así!

¡Nunca fue así! Me quedé petrificado. No había tal heroína, ¡nunca había existido! Y nosotros habíamos creído todas y cada una de las palabras de aquella historia.

Su padre nos relató que Marisa había tenido esos problemas en mayor o menor medida desde hacía muchos años, casi desde la adolescencia.

—Siempre tuvo muchas dificultades para hacer amigos. Era una chica muy solitaria, y aunque algunos chicos la pretendieron, nunca tuvo novio. Al menos que yo sepa. Lo que sí es cierto es que era muy trabajadora. Estuvo como voluntaria en una librería del barrio y jamás me dieron ninguna queja de ella... Pero todo esto ya deberían haberlo sabido ustedes, ¿no cree, doctor?...

Tenía razón. No pude sino aceptar la crítica implícita de un padre que se había sentido alejado del tratamiento, y que ahora nos ofrecía una visión completamente diferente de la persona que creíamos conocer.

Entonces comprendimos que Marisa se comparaba con un ideal que, en realidad, nunca había existido. Lo plasmaba un sabio poeta con su acertado verso: «No hay nostalgia peor que añorar lo que nunca jamás sucedió»; pero seguramente era más doloroso para ella pensar que nunca tuvo nada de aquello con lo que fantaseaba. No podía evitar aferrarse desesperadamente a un recuerdo ficticio, a costa incluso de sacrificar su salud y su vida. Y en ese momento una duda nos asaltaba: ¿podría renunciar a él para seguir adelante?

Todo eso cambiaba nuestra visión de las cosas, pero no de lo que había que hacer con ellas. Después de meditarlo mucho, decidimos no enfrentar a Marisa con lo que nos había dicho su padre. Seguimos centrando el tratamiento en sus dificultades actuales, más que en desvelar lo ficticio de su pasado. Sólo la confrontamos en ocasiones con aquellas creencias que entorpecían directamente sus avances actuales: «Marisa, sabes que eso no es cierto, no ibas a tantas fiestas como nos dices...», o «tu padre nos contó que te pasabas muchas horas sola en tu habitación...». En esos momentos en los que la encarábamos con los hechos inapelables, Marisa se bloqueaba. Permanecía con la mirada fija, se le humedecían los ojos y en ocasiones irrumpía en un llanto incontrolado. Después la veíamos pasear triste durante varios días, en una suerte de duelo por un recuerdo que la acompañó durante muchos años, y que se perdió definitivamente para no volver jamás.

Todos nos inventamos y reinventamos cada vez. Interpretamos algunos recuerdos del pasado, los vestimos, les damos forma. Nos contamos nuestra historia de manera que seamos capaces de aceptarla, de digerirla para que nos ayude a seguir viviendo. Pero a veces no es así, y en lugar de servir a nuestros propósitos, nos lastra y condiciona, limitando nuestra capacidad de decidir, de pensar, de hacer.

Marisa necesitaba reinventar su pasado, contárselo de otra manera. Pero de una forma más flexible, aceptándose a sí misma tal y como era, y como había sido. Tuvo que llegar a un compromiso entre lo que verdaderamente sucedió en su vida y lo que estaba dispuesta a aceptar.

Marisa pudo hacerlo, y su vida, la de ahora, mejoró.

Finalmente se marchó de alta, pero hasta el último momento hubo situaciones en las que dudamos hasta qué punto merecía la pena confrontar su historia con la realidad. En una de las terapias de grupo...

—Sí, es cierto, doctor, que tuve dificultad para mantener a mis amistades, pero con los hombres siempre me fue relativamente bien...

—Pero Marisa, eso no encaja con la realidad...

—Pues si no encaja con la realidad, doctor –dijo entonces con una sonrisa en la boca–, ¡que se joda la realidad!

¿Dónde había oído aquello antes...? Sí, ahora lo recordaba: fue en una de las primeras entrevistas de aquel chico, ¿cómo se llamaba?... Arturo.

Recordó la historia de ese muchacho, que había ingresado un tiempo atrás; de cómo se había encerrado en su piso, pensando que estaba siendo perseguido y vigilado por unos enemigos ficticios. Fantaseó acerca de cuál podría ser su evolución, y de pronto se dio cuenta de que quizá no estaría allí para saberlo. La historia de ese chico correría paralela a la suya, sin que nunca volvieran a cruzarse de nuevo...

«Menos mal que tengo guardia», se dijo entonces. De esa manera, podría distraer sus pensamientos imbuido en la febril dinámica de las urgencias del hospital. Apenas tendría que desplazarse unas decenas de metros hasta el pabellón de las urgencias, pero serían suficientes para desconectar mentalmente de todo lo que le preocupaba. «Nunca pensé que me alegraría tanto de tener que pasar veinticuatro horas seguidas sin salir del hospital –se sorprendió a sí mismo mientras se dirigía al vestuario para ponerse el habitual uniforme verde–. Además, espero que hoy haya mucho trabajo y poco tiempo para pensar. ¡En verdad que necesito estar distraído!»

¿Se arrepentiría poco después de haber tenido ese deseo?

13

Una guardia «terrorífica»

La tarde no había comenzado con buen pie: a pesar de que su novia sabía de sobra que no le gustaba esperar, llegaba casi con cuarenta minutos de retraso a su cita en la puerta de la vieja iglesia. El sol se escondía tras los cipreses de las afueras del pueblo y el frío empezaba a hacerse notar con creciente intensidad. Sí, llegaba tarde, pero además lo hacía por entretenerse a hablar con su amiga Sara. Él la llamaba en secreto «la Bocarrana», por su enorme boca curvada ligeramente hacia abajo, y no la soportaba. Había llegado a esa conclusión a los pocos minutos de conocerla. Y aunque hacía verdaderos esfuerzos por esconder su animadversión hacia ella en presencia de su novia, pocas veces tenían éxito.

—¡Qué demonios! –pensaba–. Yo soy un hombre que va de cara, y si algo o alguien no me gusta, lo digo y punto. Para qué andarse con disimulos ni historias...

Era cierto. Se vanagloriaba de su extrema sinceridad, la cual le había llevado a situaciones embarazosas en más de una ocasión; y aunque en muchas de ellas no llevase la razón, mantenía sus argumentos con tal vehemencia (llegaba al enrojecimiento de su calva incipiente) que hacía desistir al más tenaz de los interlocutores, temeroso de que cayera fulminado por un colapso nervioso o un ataque cardiaco.

No sólo era extremo en su pensamiento; también podía serlo en sus actos. Pero si su discurso era de alguna manera contenible (los que le conocían sabían que para calmarle bastaba con darle la razón y esperar un rato), cuando algo le hacía estallar actuaba como impulsado por un resorte, y presa de un frenesí tal que no había fuerza en la naturaleza capaz de frenarle. En una ocasión, cuando su jefe en el almacén le recriminó por el orden en la colocación de unas enormes cajas repletas de tornillos, las cargó una a una con sus propias manos, amontonándolas en la puerta de acceso hasta llegar a bloquearla, ante la mirada de estupor de sus compañeros:

—¿Te gustan más así? –le espetó entonces casi sin resuello–. ¡Pues si no te gustan las cambias tú! –Y salió del almacén, aún crispado por el enfado.

En esas situaciones, sólo la templanza de su novia, inusual en una chica de su edad, así como sus palabras de tranquilidad y consuelo, tan cariñosas como firmes, podían apaciguar semejantes ataques.

Pero en esa ocasión, el objeto de su enfado no era otro que la persona que llegaba con retraso, y por culpa de la maldita Bocarrana...

—Llegas tarde...

—Lo sé cariño, y lo siento –dijo ella en tono conciliador–. Es que me he entretenido con...

—...¡con tu amiguita esa!, ya lo sé –le cortó él sin contemplaciones.

Ella se dio cuenta de que estaba más enfadado de lo que pensaba y automáticamente se acomodó en una actitud de sumisión que conocía muy bien.

—Está bien, cariño... Si tienes toda la razón. No debí llegar tan tarde. Te pido de nuevo disculpas... Por cierto, ¿dónde has pensado que vayamos hoy? –preguntó distraídamente tratando de cambiar el tema de conversación.

—No tengo ni idea, pero si quieres, puedes irte tú con tu amiguita la... Bocarrana, donde te dé la gana.

—¡Te he dicho mil veces que no la llames así! –le molestaba enormemente que se metiera con Sara.

—¡Pues eso es lo que es, una Bocarrana! Y yo no tengo por qué esperarte por culpa de esa niñata de mierda.

Recibió la frase como una bofetada.

—¡Si hay algún niñato en esta historia –dijo irritada–, eres tú! Que ya empiezas a tenerme harta con tus celos de todos... ¡Y hasta de mis amigas!

Mencionar el tema de los celos fue un golpe bajo. Ella sabía que era uno de sus puntos débiles.

—¡Yo no soy celoso! –respondió de forma automática. La sangre se le había subido a la frente, que empezaba a enrojecerse–. Y si tan harto te tengo, ya sabes lo que tienes que hacer.

—¿Sí? Pues a lo mejor un día te doy una sorpresa y te dejo.

Ésa fue la puntilla.

—¡De eso nada! Si alguien va a dejar al otro, ése soy yo. ¡Y puede que ahora mismo! –dijo ya fuera de sí–. Y tú puedes irte con la maldita... –hizo una pausa para coger aire– ¡Bocarrana!

Eso la enfureció verdaderamente. Siempre templando su carácter, tratando de apaciguarle, de evitar que se metiera en líos. Pero ya estaba harta. No iba a dejar que insultara de nuevo a su amiga. Esa vez no sería ella la que se callara.

—¿Pues sabes lo que te digo? Que puede que mi amiga sea una Bocarrana, pero la prefiero a ella antes que relacionarme contigo o con tu asquerosa familia.

—¡Mi familia, asquerosa! ¡Eso es lo último! -exclamó presa de una inmediata agitación que parecía acercarle sin remedio a un punto de difícil retorno-. ¡La tuya sí que lo es! Y al menos yo tengo padre...

El padre de ella había fallecido hacía algo más de un año de un cáncer de pulmón. Al mencionarlo, por un instante la descolocó. Entonces fijó su mirada en él con odio infinito y le dijo:

—Pues prefiero que sea así, antes de tener como padre a un tarado como el tuyo. ¡Me cago en él y en todos sus muertos! -y escupió al suelo con desprecio.

Un instante después de hacerlo se arrepintió: le conocía demasiado bien y sabía que aquello podía desatar su ira sin control, y que ella no podría detenerle. Un escalofrío le recorrió la espalda, y se le quedó mirando fijamente a la espera de lo peor...

Pero sucedió una cosa que nunca antes había visto en él y que la sorprendió. De pronto todo su cuerpo se relajó. Incluso el enrojecimiento de su cara disminuyó, dando paso a un tinte casi mortecino. Se quedó observándola con la mirada dura, como si la atravesara, pero al mismo tiempo con manifiesta serenidad.

—Así que te cagas en mi padre -dijo entonces con tono pausado-. Muy bien. Ya verás lo que es mentar a mi padre.

Dio un paso al frente. Ella hizo un gesto como para protegerse, pero él pareció ignorarla por completo, y pasó a su lado sin apenas rozarla. Avanzó con determinación hasta perderse por uno de los callejones que salían de la plaza, mientras ella, paralizada por la sorpresa y por un sentimiento que empezaba a enraizarse en su pecho y que no tardó en calificar como miedo, lo seguía con la mirada.

—Bueno, creo que ya hemos cumplido por hoy –comenté al residente que estaba sentado junto a mí en la sala de psiquiatría de urgencias del hospital, al tiempo que dejaba mecánicamente el bolígrafo en el bolsillo de la bata para frotarme los ojos–. Hagamos un pequeño repaso: vamos a ver... –el cansancio empezaba a hacer mella tras casi una jornada completa de guardia–, hemos atendido a tres personas con intentos de suicidio, cuatro crisis de ansiedad, otras tantas depresiones, dos brotes psicóticos y no sé cuántas intoxicaciones. Y eso sin contar los ingresos programados. ¡No está nada mal para un viernes! Se suponía que hoy saldría mucha gente de la ciudad...

—Pues parece que todos los que se han quedado han decidido darse una vuelta por urgencias –respondió en tono risueño.

Era un residente de cuarto año, a punto de acabar su especialización en Psiquiatría. El próximo año se licenciaría como médico adjunto y empezaría a asumir la responsabilidad en el tratamiento de sus propios pacientes.

Me gustaba su compañía, porque mantenía el empuje y la ilusión de un estudiante, incluso en las guardias más tediosas: «Siempre se aprende algo nuevo, incluso en las guardias», decía a modo de estímulo aun en las situaciones más rutinarias y farragosas. Yo le miraba con fingido escepticismo y le respondía: «Ya me lo dirás después de diez años, cuando te despierten a las cinco de la mañana para ver a un paciente». Y nos reíamos asumiendo que, en el fondo, ambos teníamos razón.

Miré el reloj. Eran casi las once de la noche. Hora de cenar.

—Tendremos que apresurarnos o nos cerrarán el comedor.

La comida no era ninguna maravilla, pero suficiente para recargar pilas. Durante un rato repasamos algunos de los casos que habíamos atendido y luego charlamos distraídamente de otros temas banales. Entre unas cosas y otras, dieron las doce.

—Hace rato que no suena el busca –los especialistas de guardia llevábamos un localizador que mostraba en una pantallita (acompañado de un agudo pitido intermitente) el número del interfono desde donde se nos reclamaba–. Parece que todos los pacientes que tenían que venir hoy ya lo han hecho.

—¡Que así sea! –contesté optimista–. Espero que esta noche podamos descansar. ¿Qué parte prefieres hacer? –Partíamos la noche en dos mitades. Así cada uno aseguraba al menos algunas horas de descanso.

—Cogeré la primera parte, hasta las cuatro, si a ti no te importa...

—Por mí está bien. En cualquier caso, si se complica, no dudes en llamarme.

—¿Complicarse? Si ya soy residente de cuarto año, hombre. ¡Puedo con lo que sea!

—¡Menudo fantasma! Aun así, suerte en tu turno y que no te llamen.

—Lo mismo digo –contestó mientras nos dirigíamos a las habitaciones de descanso del personal médico.

Los cuartos para dormir eran apenas lo suficientemente grandes para que cupiera una cama individual, un pequeño escritorio y un aseo con plato de ducha. No eran demasiado cómodos, pero tenían la intimidad suficiente como para desconectar del incesante bullir del hospital, al menos durante las horas de sueño. Después de lavarme los dientes, me metí en la cama. Estaba cansado, pero no tenía sueño. Eso era algo bastante común: el estado de alerta que exigía la atención de pacientes en urgencias tardaba en desaparecer. Lo sabía de sobra, así que decidí relajarme hojeando un periódico atrasado. Sin darme cuenta pasó el tiempo. Era casi la una. «Vaya, si no te duermes pronto y luego te llaman en tu turno vas a lamentarlo», pensé.

Decidí entonces que quizá fuera necesario echarle una mano a Morfeo, por lo que sin levantarme de la cama alargué el brazo y hurgué en el bolsillo de la bata. «¡Aquí estás!» Extraje una pequeña pastilla de color blanco. Era un hipnótico ligero. Lo usaba a veces en las guardias en situaciones parecidas. Me ayudaría a conciliar el sueño y se eliminaría lo suficientemente rápido del organismo como para poder responder sin problemas en el caso de que me despertaran para atender a alguien. «Aún quedan tres horas para que comience mi turno. Tiempo suficiente.» La tragué sin necesidad de agua, mientras me arropaba con las sábanas. «Y ahora... dulces sueños», me dije a mí mismo, sin sospechar que, mucho antes de lo que imaginaba, iba a arrepentirme de haber echado mano de esa pequeña pero eficaz pastilla.

Se encaminó hacia su casa con paso firme y decidido. Había dejado a su novia sin más explicaciones frente a la iglesia, después de discutir con ella acaloradamente. No recordaba las palabras exactas, pero sí que le había herido en lo más profundo de su ser: había faltado al respeto a su padre, la persona que más admiraba y a la que más quería. De él había aprendido todo lo que sabía. Siempre había estado a su lado, cuidándole y defendiéndole. Y aunque la razón no estuviera de su parte, su padre le había apoyado siempre hasta el final, sin pedirle explicaciones. Para él era un dios, y no iba a dejar que esa maldita zorra le faltara al respeto. En el mismo instante en que su novia pronunció aquellas palabras, tuvo claro que eso no iba a quedar así. Pero esa vez no actuaría de forma impulsiva e irracional, como en otras ocasiones. No. Lo que había ocurrido le tocaba una fibra mucho más profunda que la que le hacía desahogarse con cuatro gritos. Ese agravio exigía una reparación de iguales proporciones, y desde el primer momento supo exactamente qué era lo que tenía que hacer. Y a su novia no iba a gustarle nada. «Que se joda. Ella empezó», dijo para sí, mientras avanzaba con la mirada al frente. Una mirada que reflejaba una férrea e inevitable determinación.

Cuando llegó a su casa, vio luz en la planta baja. Sin duda sus padres estarían mirando distraídamente las noticias en el televisor, mientras se preparaban para cenar. No quería que le vieran. No los molestaría hasta que todo hubiera acabado. Rodeó la casa en silencio hacia el pequeño terreno que tenían en la parte de atrás. Su madre se empeñaba en que le dieran más utilidad, pero en realidad se trataba de una especie de trastero al aire libre donde bicicletas, muebles antiguos y cajas llenas de enseres inservibles se acumulaban sin ningún orden. Sólo dos pequeñas parcelas se salvaban del caos: una era la diminuta franja de tierra en la que su madre había plantado algunas hortalizas (tomates, pimientos, pepinos y hasta una calabaza) para el consumo doméstico, y la otra estaba ocupada por la caseta donde descansaba Rufus, el viejo pastor alemán, que se asustó al oír ruidos.

—Tranquilo, viejo, soy yo -susurró para apaciguarlo-. Vengo a recoger una cosa y enseguida te dejo para que sigas descansando. Pero no ladres, que es un secreto...

Una vez que reconoció a su dueño, el viejo animal volvió al letargo del que acababa de salir, pero no sin antes observar cómo éste abría la destartalada caseta de las herramientas y extraía sigilosamente un objeto que no pudo identificar...

Sin perder un ápice de determinación, se dirigió a su destino. Un lugar, en las afueras del pueblo, rodeado por los mismos cipreses que poco tiempo antes habían ocultado el sol, dando paso a una creciente oscuridad. «Mejor para mí: cuanta menos luz, menos testigos impertinentes», pensó, mientras llegaba hasta la verja que le separaba de su objetivo. No era un problema. Todo el mundo en el pueblo sabía que ningún candado la protegía. Sólo había que descorrer el cerrojo para acceder al interior, lo que hizo con facilidad. Tampoco había vigilancia. En realidad, ¿quién podía pensar que allí hubiera algo de valor para llevarse? Pero había ido a buscar algo que para él sí lo tenía, y lo tendría aún más para la que, hasta ahora, había sido su novia.

Paseó entre los árboles por el camino central, que se dividía en otros más pequeños a cada lado. Giró en uno de los caminos, que conocía bien, y encontró con facilidad lo que buscaba. La noche se había cerrado por completo, así que se agachó para leer la inscripción y asegurarse. Pasó la mano por los surcos de la lápida inmaculada, al tiempo que leía el nombre y los apellidos en voz baja. Sonrió satisfecho: «Hola, *papá*», dijo. Y mientras se erguía, sujetó la pala con las dos manos, hincándola en la tierra con todas sus fuerzas.

Viajaba en un antiguo tren de vapor con la cabeza ladeada sobre el cristal, recibiendo la tibieza de los rayos del sol sobre mis ojos entrecerrados. A través de ellos podía apreciar el verdor de las colinas y los valles, la hermosura del paisaje, las nubes, la ausencia de preocupaciones... Tan sólo el pitido intermitente del silbato del tren rompía la monotonía del traqueteo sobre las vías: «¡Piiiiii, piiiiii...!». Parecía anunciar nuestra llegada a ninguna parte... «¡Piiiiii, piiiii, piiiiiiii...!»

Me desperté sobresaltado y tardé unos segundos en orientarme. Tanteé a ciegas sobre la mesita de noche, hasta que di con el interruptor de la pequeña lámpara. El busca seguía sonando con estridencia.

—Ya voy, maldito cacharro –murmuré entre dientes mientras desactivaba su sonido y trataba de ver el número desde el que llamaban.

Me sentía demasiado cansado y con la cabeza embotada. ¿Había llegado ya mi turno? Giré la cabeza hacia mi muñeca izquierda: las dos menos cuarto. Quizá se trataba de un error. A veces en la centralita confundían las horas y avisaban al busca equivocado.

En su pantalla aparecía el número de la sala de urgencias. Levanté el interfono y marqué los números, mientras carraspeaba tratando de aclarar la voz.

—Hola, soy el psiquiatra. ¿Habéis llamado? –hablaba como si me hubiera tomado varias copas de vino.

—Hola, soy yo –respondió la voz del residente-. ¿Estás bien? Perdona que te llame a estas horas. Ya sé que no es tu turno, pero creo que necesito tu ayuda.

Había en su tono un matiz de preocupación. Eso hizo que me espabilara en parte.

—No te preocupes por eso. ¿Qué es lo que pasa?

—Hay dos pacientes para valorar. Uno es una chica con un ataque de nervios. Está completamente fuera de sí. He tenido que inyectarle medicación, pero aun así no consigo hacerme con ella. Parece que ha sufrido una impresión muy fuerte...

«Qué raro», pensé. Las crisis de ansiedad podían ser muy aparatosas, pero su manejo en urgencias no era difícil. Bastaba con pautar la dosis adecuada de tranquilizante y esperar a que hiciera efecto; era muy fácil para un residente de cuarto año.

—Está bien -le tranquilicé-. ¿Y qué es lo que le ha pasado para estar así?

—Alguien ha desenterrado los restos de su padre y se los ha llevado a su casa en una bolsa.

—¡Dios mío! -la impresión hizo que me despertara del todo-. Pero eso no puede ser...

—Como lo oyes. Cuando abrió la bolsa vio un montón de huesos y pensó que se trataba de una broma de mal gusto. Pero entonces reconoció la ropa. Era el uniforme militar con el que habían enterrado a su padre. Empezó a gritar presa del pánico y no ha podido articular ni una sola palabra desde entonces. La ha traído su madre, que también está muy afectada.

—Vale. No hagas nada hasta que yo llegue. Estaré allí en un minuto.

Me dispuse a colgar, pero entonces recordé algo:

—Me has dicho que había dos pacientes. ¿Quién es el otro?

—Lo trae la policía -dijo grave-. Es el que le ha llevado los huesos.

Me vestí lo más rápidamente que pude y salí hacia el pasillo. La sala de urgencias apenas distaba doscientos metros de donde estaba, pero me pareció una eternidad: aún sufría los efectos del hipnótico que había tomado, y me escoraba a un lado y a otro del pasillo sin poder evitarlo.

—Mierda... Semejante problema en urgencias y yo parece que voy borracho...

Al llegar, salió enseguida el residente a recibirme. Hice esfuerzos por parecer lo más espabilado posible. Me contó que los dos jóvenes eran pareja y que todo había sido motivado por una discusión. Fue entonces cuando él cogió una pala, fue al cementerio del pueblo y...

—...el resto ya lo sabes: lo que te he contado por el interfono.

—Muy bien –le dije, dando a entender que no hacía falta que lo repitiera–. ¿Y dónde está el chico ahora?

—Allí le tienes –hizo un gesto con la cabeza–. Es aquél.

Tres policías rodeaban a un muchacho de apenas veinticinco años, que permanecía sentado y esposado con la cabeza baja. Su expresión podía definirse como de perplejidad.

—Tú quédate con la chica. Procura tranquilizarla, y si es preciso, aumenta la dosis de tranquilizante. Yo iré a ver al chico –concluí haciéndome cargo de la situación.

Me acerqué hacia el grupo de cuatro hombres. Uno de ellos, el policía de más edad, se adelantó.

—Viene usted a verle, ¿verdad, doctor? Es completamente increíble –continuó sin darme tiempo a responder, empujado por los nervios–. Este muchacho debe de estar muy mal de la cabeza para hacer lo que ha hecho. Profanar así una tumba... ¡Y por una discusión de novios!

—Está bien, agente. ¿Puede decirme si ha dicho algo?

El policía me miró con una expresión extraña. Entonces me di cuenta de que seguía pronunciando con cierta dificultad.

—Eh... no -respondió-. Ha estado callado casi todo el tiempo. Sólo ha dicho que no sabía por qué le traíamos aquí. Como le digo, doctor, un auténtico chalado.

—Bueno, creo que eso tendremos que decidirlo nosotros, ¿no le parece?

El policía me miró con cierto desprecio. Parecía pensar: «No sé qué es lo que va a decidir usted, borracho».

Pasamos a la sala. El policía insistió en entrar también: no era algo estrictamente necesario (el chico parecía muy calmado), pero no quería discutir con él. Se situó de pie en un discreto segundo plano, mirándonos a los dos con parecido interés.

La ficha de urgencias decía que el muchacho se llamaba Daniel.

—Hola, Daniel, soy el psiquiatra de urgencias y voy a hacerte unas preguntas. ¿Sabes por qué te han traído aquí? -seguía esforzándome en parecer atento y despejado.

—La verdad es que no estoy seguro, doctor -dijo mirando de soslayo al policía-. Sé que se ha montado una buena, pero ha sido todo una chiquillada...

—Bueno, Daniel, no sé si profanar una tumba puede calificarse de chiquillada. ¿Sabes que es un delito que puede llevarte a la cárcel?

—¡Claro que lo sé! -dijo molesto al no recibir la razón-. Pero me dio un impulso... Yo soy así, no lo puedo evitar. Además, mi novia me provocó: mentó a mi padre, ¡y eso es algo que no le tolero a nadie!

El policía me miraba haciendo gestos con la cara como diciendo: «Ya se lo dije, es un auténtico tarado».

Me di cuenta de que contrariar al chico podía ser contraproducente, así que decidí continuar la exploración con preguntas más inocuas. Me contó que vivía en casa de sus padres y que trabajaba como mozo de almacén. Salía con María, su novia, desde hacía casi dos años, y aunque no era infrecuente que discutieran, nunca habían llegado hasta esos extremos. Se percibía a primera vista que tenía un carácter terriblemente rígido e impulsivo, lo que le había ocasionado no pocos problemas y dificultades a lo largo de su vida. Pero, por otro lado, era consciente en todo momento de lo que hacía, así como de las consecuencias que sus actos podían acarrear.

Nunca antes había visitado a un psiquiatra, ni tenía síntomas que pudieran hacer sospechar un cuadro psicótico ni alucinatorio.

—¿Por qué me pregunta si oigo voces, doctor? ¿Acaso cree que estoy loco?

—En absoluto –dije tratando de tranquilizarle. Noté que después del rato que llevábamos de entrevista, su frente se había ido tiñendo de rojo progresivamente–. Te lo pregunto porque hay personas que a veces hacen cosas, debido a que oyen en su mente una voz que se lo ordena. Sólo quería estar seguro de que tú no eras una de esas personas.

—Pues ya le he dicho que no –dijo cortante–. Y ahora, si ha terminado con sus preguntitas, desearía ver a mi novia e irme a mi casa. ¡Que tampoco ha sido para tanto!

—Eso tendrá que decidirlo el juez, muchacho –habló entonces el policía.

El hecho de oírle de pronto mencionando a la justicia inquietó a Daniel:

—No saquemos las cosas de quicio, que no hay nada que no se pueda solucionar: volvemos a enterrar los huesos, y yo ahora mismo me disculpo con mi novia. ¡Y si tengo que pagar una multa, pues la pago! Que no será por dinero...

Ese chico era incorregible. Ya tenía los datos suficientes como para tomar una decisión y no tenía sentido continuar con aquella entrevista.

—No te preocupes ahora por eso, Daniel. De momento, ya hemos terminado aquí. ¿Puedes salir, por favor? Desearía quedarme a solas con el agente.

Éste le acompañó fuera, dejándolo custodiado por sus compañeros. Cerró la puerta y me miró expectante.

—Ya se lo decía yo, doctor –dijo entonces–. Loco como unas maracas. ¿No es cierto?

—Pueden llevárselo. Por nuestra parte, no hay nada más que hacer.

—¿Cómo dice? –preguntó sorprendido–. ¡Pero si ese chico ha desenterrado al padre de su novia por una simple discusión! No puede estar hablando en serio...

—Completamente en serio –le interrumpí–. Ese chico no padece ningún trastorno psicótico o afectivo, ni deterioro cognitivo alguno que altere su juicio de la realidad. Es totalmente consciente de sus actos y de las consecuencias que éstos puedan acarrear. Como le decía, ya pueden llevárselo a comisaría.

El argot técnico pareció desconcertar aún más al policía, que me miraba boquiabierto: aquella decisión parecía confirmarle mi estado de embriaguez. Traté de ponerme en su lugar.

—Verá, agente, déjeme que le pregunte algo. Si en vez de ir al cementerio a hacer lo que sabemos, hubiera agredido a la chica o incluso la hubiera matado en plena discusión, ¿también le habrían traído al hospital?

—No, le hubiéramos llevado directamente al calabozo -dijo.

—¿Y qué le parece a usted mayor locura: desenterrar a un muerto o matar a alguien?

—Sin duda, matar a alguien -respondió con sinceridad-. Ya entiendo...

Él mismo se había respondido y su expresión no albergaba ya dudas. Me levanté y fuimos en silencio hasta la puerta. Al salir, hizo un gesto serio a sus compañeros. Daniel alzó la cabeza y comprendió que se marchaban.

—Pero ¿nos marchamos ya? ¿Adónde me llevan? -preguntó inquieto.

—A comisaría.

—Un momento, debe de ser un error. Todo ha sido un malentendido. ¡No pueden detenerme! ¡No pueden...!

En ese mismo instante salía el residente del despacho contiguo. Durante un rato había olvidado a la chica. Entonces la vi. Parecía consternada, pero ya estaba tranquila. Su rostro mostraba el embotamiento producido por el llanto.

Daniel también la vio.

—¡Cariño! ¡Cariño, díselo tú! Diles que ya está todo arreglado. Ha sido una locura, ya sabes cómo soy... Se me fue la cabeza, eso es todo... pero te compensaré. Te pediré perdón, haré lo que sea...

Hizo el ademán de acercarse, pero los policías le sujetaron fuertemente de los brazos. Ella, al notar su intención, se apartó sin decir una palabra, desviando su mirada. Estaba claro que en esa ocasión no intercedería por él.

—Pero cariño... ¡Mírame, mírame...! ¡Maldita sea! ¡Te he dicho que me mires! ¡Serás zorra! Vas a dejar que me lleven. ¡Te mereces todo lo que te ha pasado! ¡Y vosotros, soltadme, cabrones!...

Los policías le sujetaron con mayor firmeza mientras Daniel trataba de forcejear. Entonces, inmediatamente detrás de su novia apareció una chica de su misma edad. Pensé que sería su hermana, o una amiga que la acompañaba. Tenía la expresión grave, con la boca ligeramente curvada hacia abajo.

—Pero... ¡Bocarrana! –gritó entonces Daniel completamente fuera de sí–. ¡La culpa es tuya, Bocarrana! Me cago en todos tus muertos... ¡Me las pagarás! Maldita seas... ¡Bocarranaaaaa!, ¡Bocarranaaaaaa!

La chica se refugió detrás del residente hasta que los policías lo sacaron de urgencias y lo metieron en el coche patrulla. Daniel apoyó su cara roja y desencajada en el cristal, y siguió gritando su nombre hasta que el sonido de su voz se fue apagando, al mismo tiempo que se alejaba el coche patrulla hasta desaparecer finalmente de nuestra vista.

Cuando regresé al cuarto no podía dar un solo paso más. La falta de sueño, la tensión de los acontecimientos que acababa de vivir y los últimos efectos del hipnótico habían terminado con mis reservas de energía. Tiré la bata al suelo, me descalcé y me desplomé sobre la cama sin desvestirme. Apoyé la cabeza en la almohada y recordé lo que había estado soñando antes de que me despertara el sonido del busca.

Alguien me contó una vez que si antes de volver a quedarse dormido, uno piensa en un sueño interrumpido, éste continuará durante la noche. Cerré los ojos y...

Me vi con la cabeza apoyada sobre el cristal de la ventana de un antiguo tren de vapor, recibiendo la tibieza de los rayos del sol sobre los ojos entrecerrados. A través de ellos podía apreciar el verdor de las colinas y los valles, la hermosura del paisaje, sentir la ausencia de preocupaciones... Tan sólo el pitido intermitente del silbato del tren rompía de cuando en cuando la monotonía del traqueteo sobre las vías. Pero de pronto, el cielo se tornó gris. En unos segundos, gruesos nubarrones empezaron a descargar su contenido, encharcándolo todo. Y sin saber de dónde, comenzaron a aparecer cientos, miles de enormes ranas, saltando sin cesar, chocándose y pisándose unas a las otras, mientras croaban abriendo sus grandes bocas curvadas grotescamente hacia abajo. El tren se detuvo incapaz de avanzar: sus ruedas resbalaban en las vías humedecidas y manchadas de lodo. Giré la cabeza por la ventana. A escasos metros, un pedazo de terreno pareció palpitar. Lo hizo de nuevo, y esa vez se agrietó la superficie. Y entonces vi con horror cómo un brazo huesudo y putrefacto surgía de la tierra y me apuntaba con uno de sus descarnados dedos...

Se despertó por la mañana con la sensación de no haber descansado en absoluto. Tenía la neblinosa impresión de que había estado soñando toda la noche, pero sólo podía recordar algunas imágenes aisladas y terribles que no sabía concretar.

Todavía repicaban en su cabeza los acontecimientos del día anterior, y dejó que se difuminaran entre el rechazo y la falta de sueño. De manera automática se metió bajo el chorro tibio y purificador de la ducha, y tras vestirse, dirigió sus pasos hacia la cafetería del hospital. De camino, se maldijo a sí mismo por haber deseado alguna vez tener guardia: «¡Nunca aprenderás! —se recriminó—. ¡Si es que salen una buena y veinte malas!».

Cogió la bandeja de autoservicio, y una camarera joven y sonriente le sirvió un café: «Doble, por favor». Se giró en busca de una mesa libre.

—¡Aquí! —oyó una voz que le sonaba vagamente familiar.

Miró hacia el lugar de donde provenía.

—¡Lucas!

Era un médico recién licenciado, que no hacía mucho tiempo había estado cumpliendo su rotación en el hospital de día. Se dirigió hacia su mesa y se saludaron con cariño.

—Vaya, no sabía que estabas trabajando en este hospital. ¿Cómo te va? —le preguntó nada más tomar asiento.

—¡Muy bien! En cuanto me licencié salió una sustitución en medicina interna y... me cogieron a mí —dijo con orgullo—. ¿Sabes?, tenía muchas ganas de verte. Pasé muy buenos ratos durante la rotación en el hospital de día. En realidad aún estoy pensando en especializarme en psiquiatría...

—¡Eso sería estupendo! Creo que se te daría muy bien. Aunque ya sabes que la profesión de psiquiatra puede ser en ocasiones algo peligrosa...

—No te estarás refiriendo a...

Ambos se miraron con complicidad y dijeron al unísono:

—¡Olga, la Acróbata!

14

Olga, *la Acróbata*

Son muchas las personas que acuden a nosotros en busca de tratamiento para sus dolencias. Desgraciadamente, no siempre podemos satisfacer las demandas de todas ellas, aunque la persona que nos reclama ayuda tenga motivos más que sobrados para hacerlo. Esto sucede bien por falta de plazas (los centros sólo pueden atender a un número limitado de personas), o porque la enfermedad del paciente no encaja dentro de las que se pueden beneficiar de acudir al hospital de día. Por ello, en ocasiones debemos decir no, e intentar orientar a la persona hacia el lugar más adecuado para tratar sus problemas. La mayor parte de las veces, el paciente acepta con más o menos resignación la negativa –aunque sienten de forma inevitable que pierden una posibilidad de mejorar–, pero en otras ocasiones no es así, y la sensación de que se le cierra una puerta a la esperanza puede llevar a situaciones un tanto sorprendentes...

Olga tenía apenas veinte años. Era menuda, vivaracha y huidiza. De tez morena, llevaba el pelo recogido en una trenza infantil y cuando sonreía, se le entrecerraban los ojos y mostraba una dentadura gris e imperfecta. Poseía un carácter agradable, tímido a la vez que inquieto, y para su desgracia, Olga tenía un retraso mental desde su nacimiento. Su madre nos contó que varias complicaciones durante el parto le provocaron una falta de oxígeno, que dejó secuelas en Olga nada más nacer. «No sabemos hasta qué grado ha podido afectarle a la niña –le dijeron enseguida–, pero es probable que presente algunos defectos durante su desarrollo.» Ella estaba demasiado angustiada para entender qué era exactamente lo que quería decir el médico, pero sí oyó con claridad la palabra «defectos», que le quedó grabada en su mente de manera indeleble.

Desde aquel mismo momento, tanto ella como su marido empezaron a escudriñar con lupa cualquiera de los movimientos, gestos, ruidos y todo nuevo aprendizaje que pudieron observar en Olga. Y luego, sin demora, lo comparaban con las tablas de peso y altura, y ésas en las que se detalla a qué edad aprenden y desarrollan los niños cada nueva capacidad. Desgraciadamente, no tuvieron que esperar mucho para ver que, si bien Olga crecía en peso y altura con absoluta normalidad, le costaba más que a los otros niños aprender a andar, a hablar, a relacionarse y a jugar.

Se esforzaron desde el primer momento en estimularla, y la llevaron a colegios especiales. Cuando cumplió los diez años, Olga tenía una inteligencia de una niña de tres, y cuando la vimos por primera vez, con casi veinte, su edad mental no pasaba de los siete años. Pero a ella, ajena a las preocupaciones de sus padres y de los profesores por su desarrollo, se la veía una chica feliz. Y eso era porque, si bien mantenía el intelecto de una niña pequeña, también conservaba la risa fácil, la capacidad de asombro y la sensación de alegría infinita que tienen los niños.

Su madre nos relató que el problema había surgido hacía aproximadamente tres años. Hasta entonces, Olga siempre se había comportado, aun con sus travesuras y rabietas esporádicas, como una chica ejemplar. Pero tras el comienzo de la adolescencia, todo había cambiado. Aunque este periodo del crecimiento se demoró como casi todo en ella, no pudo sustraerse al influjo de las hormonas. Y si a cualquier adolescente le cuesta adaptarse a los cambios físicos y psicológicos que se producen en tan corto espacio de tiempo, a Olga, con su limitada capacidad de comprensión, esa situación la desbordó por completo. No entendía por qué se desarrollaban sus pechos, ahora tan molestos, le crecían demasiado rápido las piernas y los brazos, que ya antes le costaba controlar, y le salía un vello horrible que le afeaba. Y por si eso fuera poco, se sentía además extrañamente atraída por niños y adultos, en una sexualidad impulsiva e inmadura.

Casi de la noche a la mañana se volvió irritable, con frecuentes e impredecibles cambios de humor y, en alguna ocasión, llegó a romper algunos objetos de la casa en plena rabieta. Otras veces, en cambio, se la veía cabizbaja y taciturna, y su madre, embargada por la preocupación, la había oído sollozar en su cuarto.

Intentaron todo tipo de estrategias para revertir la situación, pero nada parecía dar resultado. Fue entonces cuando, completamente desorientados, decidieron pedir ayuda.

No sé de qué manera, pero alguien les aconsejó que acudieran al hospital de día y tras evaluarla en una primera entrevista, supimos enseguida que no podíamos ayudarla allí.

—Ya se lo he explicado antes -repetí con el tono más conciliador que pude después de casi dos horas de entrevista-. No es que Olga no necesite ayuda, sino que aquí no se la podemos ofrecer. Como le he dicho, no tratamos en este centro a personas con problemas de retraso mental...

—¡Pero eso no puede ser! -me interrumpió la madre con manifiesta ansiedad-. Aquí he visto a gente con problemas, como mi Olga... ¡Y ella está peor que los que están aquí!

—No se trata de la gravedad, se trata de la enfermedad en sí. Para aprovechar las terapias hace falta tener una cierta capacidad de comprensión, y ésta, en el caso de Olga, es muy limitada. Además -dije armándome de la mayor paciencia-, el hecho de que Olga viera que no puede seguir el ritmo de los demás puede ser contraproducente para ella y empeorar más su situación...

—Seguro que mi niña puede hacer todo lo que le pidan -se agarraba a cualquier argumento-. ¡Sólo tiene que dejarla venir...!

Estaba demasiado desesperada para entender y aceptar una negativa por muy justificada que estuviera. Así que, cuando vio que por enésima vez le negábamos la posibilidad de acudir, empezó a mostrarse abiertamente molesta.

—¡Pues mi hija no se va a ir así a casa, tienen que tratarla como sea! -dijo con rotundidad.

—Claro que no tiene que irse a casa -aclaré controlando con dificultad el tono de voz-. Lo que tiene que hacer es encontrar el centro adecuado para ella. Afortunadamente, hay recursos que...

—¡No quiero ningún otro recurso! ¡Ya hemos perdido demasiado tiempo! -dijo fuera de toda razón.

Olga, que hasta entonces había permanecido la mayor parte del tiempo en silencio mientras su madre y yo hablábamos, comenzó a inquietarse al ver que la situación se ponía tensa. Seguramente no entendía qué era lo que estaba pasando y en su cara se empezaba a formar una mueca de preocupación, mientras se movía en la silla con creciente inquietud.

Al percatarme de eso y de que iba a ser imposible hacer que su madre entrara en razón, decidí dar por terminada la entrevista y evitar así males mayores.

—Bueno –dije levantándome con lentitud y dirigiéndome hacia la puerta-, parece que estamos todos un poco tensos, y quizá sea mejor que concluyamos la entrevista ahora...

Pero la madre de Olga no estaba dispuesta a darse por vencida y, mientras de forma automática se levantaba y me seguía hacia la puerta, continuaba con sus argumentos, que para entonces eran ya abiertas recriminaciones.

—¡Esto no va a quedar así! ¡Ella está muy mal y si no la admiten... van a matarla! ¡Serán los responsables de lo que le pase!

Yo la miraba y asentía mecánicamente, pensando en que ninguna otra cosa se podía hacer, mientras salía hacia el pasillo seguido por las dos mujeres.

Una vez allí, la madre continuó con la misma retahíla de reproches. Pero yo ya no la atendía, porque había fijado mi atención en Olga, que ahora no paraba de moverse de un lado para otro con el entrecejo fruncido, ajena en apariencia a lo que allí estaba sucediendo. Su estado de agitación fue en aumento, hasta que de improviso, salió corriendo a toda velocidad por el pasillo. Agachó la cabeza y empezó a agitar los brazos con vigoroso ímpetu mientras aceleraba más y más acercándose peligrosamente a la pared del fondo. Y cuando estaba a escasos dos metros, a punto de estamparse sin remedio, levantó la cabeza, dio un salto, apoyó primero una y después la otra pierna en la superficie plana de la pared, y como un auténtico acróbata circense dio la vuelta sobre sí misma, volviendo a caer de pie al suelo con enorme estruendo.

Su madre –que se había quedado muda de repente– y yo la miramos totalmente estupefactos sin saber qué decir o hacer, ante semejante demostración gimnástica. Me pareció que, a tenor de la expresión de la madre, entre el asombro y el espanto, era también la primera vez que la veía hacer algo así. Entonces, sin decir una palabra, Olga se giró y se quedó mirándonos con la misma expresión de enfado, como si nada hubiera ocurrido. Y cuando ya empezábamos a reaccionar, inició de nuevo la carrera con los mismos ímpetus, pero esta vez en nuestra dirección. O mejor dicho, en la mía, porque nada más empezar a correr comenzó a gritar a pleno pulmón: «¡¡Que se te caigan los huevooooss...!! ¡¡Aaaaaahhh...!!

Me vi completamente paralizado, sin capacidad de reacción alguna, ante la mínima posibilidad de que se cumpliera la maldición que acababa de lanzarme. Y a juzgar por la expresión de la cara de Olga y la velocidad a la que se acercaba, parecía como si ella misma fuera la encargada de cumplirla sin perder un solo instante. Su madre se echó hacia un lado y yo me vi solo en el pasillo, a la espera del fatal encontronazo...

Pero en ese momento, alertado por los gritos, de una de las puertas laterales salió Lucas, un corpulento estudiante de medicina, que se interpuso entre Olga y yo. El pobre no sabía que pronto se iba a arrepentir de haberse situado en tal fatal trayectoria, ya que Olga, confundida ante su repentina aparición, desvió su objetivo inicial y con un certero salto se encaramó a su espalda, iniciando toda una serie de manotazos, gritos y bofetones.

Aturdido ante tan inesperada como rocambolesca situación, Lucas se quedó completamente bloqueado. A la espera de que alguien le ofreciera alguna clave sobre qué hacer en tan desagradable momento, su cara reflejaba el susto y la desorientación mientras recibía los cada vez más aparatosos golpes y arañazos de Olga. Así, atendiendo a su inconsciente deseo de ser guiado en aquella estrambótica situación y, por qué no decirlo, profundamente aliviado de no ser yo el objeto directo de las iras de Olga, le grité:

—¡Corre, Lucas! ¡A la calle! ¡Ahora!

Tres únicas sentencias que Lucas obedeció con total diligencia y precisión, dirigiéndose sin dudarlo un instante hacia la puerta de salida, mientras intentaba en vano zafarse de la lluvia de golpes, insultos y tirones de pelo que le caían sin remedio.

La madre de Olga, aterrada ante semejante situación, pareció volver en sí, y con más susto que vergüenza –«¡Ay Dios mío, la que se ha montado!»–, salió corriendo detrás de tan extraña pareja, intentando, sin conseguirlo, descolgar a su hija del fornido cuerpo del estudiante.

Una vez fuera del centro, Olga pareció tranquilizarse, y pasados unos segundos, accedió a soltarse finalmente de las ropas y el pelo de Lucas. Luego, mientras su madre, que se deshacía en disculpas con el joven estudiante como si ella misma hubiera sido la causante de las agresiones, la arrastraba ya lejos del centro, a Olga aún le dio tiempo a lanzarle un certero escupitajo y un puntapié, antes de que desaparecieran finalmente de nuestra vista.

Olga no volvió, pero pasadas unas semanas sí lo hizo su madre. Quería disculparse –«No es necesario», le dijimos enseguida– y comentarnos que Olga había comenzado en un centro más acorde a sus características, y ya se encontraba mucho mejor. Quiso ver a Lucas, pero hacía algunos días que había terminado su rotación con nosotros, y no pudo ser.

—¡Qué pena! –dijo–, me hubiera gustado verle. ¿Seguro que no tuvo nada importante? –preguntó haciendo referencia a los golpes de su hija.

—No, mujer, quédese tranquila. Tan sólo algún pequeño arañazo que se curó enseguida –mentí, ya que el pobre Lucas tuvo la cara señalada hasta que nos dejó.

—Cómo lo siento. Fue tan cuidadoso para no dañar a Olga...

—¿Sabe una cosa? –le dije entonces con el deseo de animarla–. Siempre he pensado que hay dos clases de médicos: unos son los que al oír un ruido fuera de la consulta salen a ver si pueden ayudar, y otros son los que se levantan únicamente para cerrar la puerta. Lucas es de los primeros. Será un buen médico.

—Pues, doctor –añadió ella ahora con una abierta sonrisa–, espero que después de la tanda de palos que le cayó ese día... ¡siga siendo de los que salen a ayudar!

Y los dos reímos durante un largo rato.

A Olga no habían podido ayudarla, al menos no directamente. A veces la decisión de no comenzar un tratamiento podía ser la más difícil, pero también la más acertada: en el caso de Olga, eso había permitido que acudiera a un centro más adecuado para su enfermedad.

«¡Qué paradoja! –pensó–. Ayudamos a algunos enfermos que no tratamos y, en cambio, a otros que tratamos...» Y esa aparentemente contradictoria reflexión se vio perfectamente ejemplificada por la increíble historia que, muy poco tiempo después, iba a acontecerle...

15

Yatrogenia

Yatrogenia: Dícese de las reacciones adversas produci-
das como consecuencia del uso de fármacos o de cualquier
otro tratamiento médico.

Es decir, que el médico, lejos de conseguir su objetivo
de aliviar una dolencia, causa un daño que no espera ni
desea: un cirujano secciona una arteria en el transcurso de
una operación, produciendo una hemorragia; una dosis
desajustada de un fármaco desencadena una crisis convulsi-
va; una inyección mal aplicada lesiona un nervio próximo; la
mala higiene de un quirófano provoca una neumonía... Y
así, en multitud de ejemplos del quehacer diario de los profesionales de la salud.

Por fortuna, en la inmensa mayoría de las ocasiones
estas circunstancias son subsanables, prevaleciendo siempre
el beneficio de la intervención médica sobre cualquier otro
aspecto. Pero, desgraciadamente, hay situaciones en las que

el daño es irreparable. Estos momentos son muy duros para el paciente y para sus familiares, pero también lo son para el profesional, que siente que ha fracasado en aquello para lo que durante tanto tiempo y con tanto ahínco ha estado preparándose.

Podría parecer que los psiquiatras tuviéramos una cierta protección frente a este asunto de la yatrogenia. Al fin y al cabo usamos la palabra como principal herramienta de trabajo, y aunque ésta, mal empleada, puede ser tan dañina como una puñalada, es más difícil que sus consecuencias no puedan ser subsanadas de una u otra manera: «Perdóneme si le he herido o molestado con mi pregunta», o «quizá he sido demasiado duro al juzgar su forma de comportarse». A veces, una simple disculpa puede ser suficiente para resarcir el daño de una actuación equivocada: si la palabra hiere con facilidad, también puede ser igual de útil a la hora de reparar el mal causado.

«Entonces, esto de la yatrogenia sólo le pasa a los cirujanos y anestesistas, que son los que corren un mayor riesgo de provocar alguna lesión irreversible», diría más de uno, no sin cierta razón. Puede ser, pero en ocasiones, incluso en las intervenciones médicas más inocentes, en las que creemos que nada puede salir mal, pequeños acontecimientos sin importancia pueden sucederse uno tras otro, como una cascada de fichas de dominó, hasta llegar a producir un resultado completamente inesperado...

Aún resonaban en mi interior los ecos de la última guardia. Se habían vivido momentos de mucha tensión, y recordaba de manera neblinosa la noche inquieta llena de pesadillas: una mano huesuda y descarnada que me señalaba, quizá como el símbolo de un oscuro presagio.

En realidad, hubiera preferido pasar más tiempo sin tener guardia de nuevo, pero la inoportuna enfermedad de un compañero hizo que volviera a calzarme los zuecos y el pijama verde, para enfrentarme a una nueva jornada de veinticuatro horas sin salir del hospital.

—Consuélate con que vas a ganar un dinero extra y ahora que vienen las navidades, te vendrá bien –me dijo optimista el coordinador de urgencias, cuando me dio la «grata» noticia de que era yo el que debía cubrir al compañero enfermo.

—¡Vamos, hombre!, si sabes que lo que pagan es una miseria...

—Ya lo sé –contestó sin demora–, pero no debes fijarte sólo en lo que vas a ganar, ¡sino en lo que no te vas a gastar mientras trabajas! –añadió riendo su propia ocurrencia–. Tómatelo con calma y suerte con la guardia.

—Gracias –le contesté sin entusiasmo, mientras pensaba que si era como la última, la iba a necesitar.

Pero, por fortuna, las cosas comenzaron de una manera muy diferente. Durante toda la mañana apenas hubo que hacer intervenciones en urgencias (sólo surgieron algunos problemas menores) y pude aprovechar para invertir la mayor parte del tiempo en la lectura y la preparación de unos artículos. Después de comer, cuando pensaba en lo tranquila que estaba siendo la jornada, sonó el busca con su pitido característico: «Nunca aprenderás –me reprendí a mí mismo–. En cuanto uno se alegra de que el busca lleva mucho tiempo sin sonar, comienza a pitar sin remedio. Es la ley de Murphy de las guardias...».

Pero esa vez no llamaban para atender a ningún paciente; se trataba de una estudiante de medicina. Aquel día no me acompañaba ningún residente, y era entonces cuando algunos estudiantes aprovechaban para acudir al hospital y acompañar al psiquiatra de guardia durante unas horas, como complemento voluntario a su formación. No era obligatorio que aceptáramos su compañía (en ocasiones entorpecían el ritmo de trabajo con sus constantes preguntas), pero casi nadie se negaba en cuanto recordábamos que todos habíamos sido alguna vez estudiantes ávidos de conocimiento.

Se llamaba Elena y cursaba el último año de sus estudios de medicina.

—Así que has decidido especializarte en psiquiatría cuando acabes la carrera –le pregunté sin ambages una vez que nos presentamos.

—En realidad no estoy segura... –contestó con cierta timidez– y por eso he venido. Me gustaría conocer un poco más acerca de la psiquiatría, de la parte práctica –puntualizó–, antes de decidirme.

—Eso está muy bien y espero que te sea útil. Aunque de momento, la guardia está siendo muy tranquila. No sé si te va a dar tiempo a ver...

¡Piiiiiiii, piiiiiiii, piiiiiiii...! Sonó el busca. La cara de la estudiante se iluminó.

—Vaya, si antes digo que está tranquila... –comenté maldiciendo en silencio a Murphy por lo acertado de su ley–. Es de urgencias. Estamos cerca. Pasaremos directamente por allí a ver qué es lo que pasa. Vamos.

Al llegar, nos dirigimos al médico que se encargaba de *clasificar*. Su misión consistía en recibir a los pacientes, estableciendo una prioridad para cada uno según la gravedad del problema, y avisar al especialista correspondiente en el caso de que fuera necesario. Era un viejo conocido. Cuando nos vio, miró a mi acompañante con cierta preocupación.

—Hola, Pedro. Es una estudiante –dije adelantándome a su pregunta–. Va a quedarse parte de la guardia.

—Hola, «loquero» –dijo risueño-. Ya sabes que a mí no me importa, pero no sé si al paciente que tengo para que veáis le va a gustar que haya demasiado público. Es un tipo rarísimo: se ha negado a darme más datos que su nombre y apellidos, y dice que no va a comentar nada hasta que le vea un especialista «de la mente». Me temo que va a ser uno de los vuestros. Allí lo tenéis. –Señaló con la cabeza a un hombre delgado que se apoyaba en una esquina cerca de la puerta de salida, mirando hacia los lados con desconfianza-. Ésta es la ficha que hemos sacado del ordenador. Al parecer, es la primera vez que viene. Suerte –dijo, y se giró para atender a un chico joven que sujetaba un pañuelo manchado de sangre contra la nariz.

Entregué la ficha a Elena. Miré a aquel hombre discretamente, tratando de obtener una primera impresión acerca de lo que podía traerle a urgencias, y determinar así la mejor forma de intervenir.

—Veamos –comenté en voz alta para hacer partícipe de mis pensamientos a la estudiante-. Treinta y pocos años, delgado, mala cara... sudoroso. Preocupación. No, más aún, angustia. Se coloca con la espalda en la pared, cerca de la puerta. No se fía. No está seguro de querer quedarse, pero de alguna manera siente que necesita ayuda. Le está pasando algo que no comprende, pero algo le dice que puede tener que ver con sus pensamientos; por eso pide un «médico de la mente». No sería extraño que pudiera tener en este momento delirios o alucinaciones... Bien, ¿cómo vamos a actuar? –pregunté mirando a Elena, que asentía con la cabeza siguiendo el hilo de mis pensamientos.

—Habrá que... ¿ingresarle? –respondió dubitativa.

—Bueno, antes tendremos que evaluarle, pero es una posibilidad. Lo primero es asegurarse de que no se arrepienta de haber venido y se marche de urgencias sin que podamos realizar la entrevista. Para ello, hablaremos con el personal de seguridad y les diremos que le tengan controlado discretamente mientras esté aquí. Luego nos presentaremos. Si no nos equivocamos con nuestra primera impresión, este tipo de paciente está deseando poder confiar en alguien y contarle lo que le pasa. Pero no debemos relajarnos: cualquier pequeña cosa, por simple que parezca, puede hacerle sospechar y echar por tierra la oportunidad de ayudarle.

Elena me miraba con cara de preocupación, como si nos enfrentáramos al más difícil de los retos y ella no supiera qué papel tenía que desempeñar. Traté de tranquilizarla.

—No te preocupes, es más sencillo de lo que parece. Es cuestión de ganarse su confianza. Para evitar recelos innecesarios –continué–, te presentaré como si fueras ya una doctora en ejercicio. A algunos pacientes no les gusta que haya estudiantes durante las entrevistas... Bueno, allá vamos.

Nos dirigimos al control de seguridad. Estaban acostumbrados a vigilar a ciertos pacientes, bien por la posibilidad de que pudieran mostrarse agresivos, o como en este caso, para evitar que se marcharan sin recibir una valoración o un tratamiento adecuado.

—No os preocupéis –dijo el responsable del turno–. No dejaremos que se marche hasta que nos deis la orden de hacerlo.

—Gracias. –Su forma de hablar tenía un inevitable tono policial que podía sugerir cierta frialdad, pero tanto él como sus compañeros eran de lo más eficaces a la hora de reducir a un paciente agitado–. Os lo haremos saber –concluí con la misma seriedad.

El paciente seguía inquieto en el mismo sitio donde le habíamos visto por primera vez y miraba su reloj con impaciencia.

—Ahora vamos a presentarnos. Deja que yo hable y lleve el peso de la entrevista. Si todo va bien, te daré paso para que puedas tú también preguntarle algo. ¿De acuerdo?

Dijo que sí mientras movía la cabeza de lado a lado, en señal negativa, sin darse cuenta. Con tanto ajetreo, no me había dado cuenta de que estaba bastante nerviosa. En verdad era una estudiante, y seguramente aquél sería el primer paciente psiquiátrico que iba a ver en su vida.

—También puedes -le propuse- mantenerte en silencio y preguntarme a mí una vez que hayamos terminado.

Esa alternativa pareció gustarle más. Llegamos hasta el paciente. Miré la ficha para recordar su nombre y...

—Hola, ¿es usted Javier? -Asintió con la cabeza-. Nosotros somos los psiquiatras de guardia. -Dije nuestros nombres mientras estrechábamos su mano, algo fría-. Mi compañero nos comentó que deseaba vernos.

—Yo no pedí hablar con un psiquiatra... -dijo apoyándose aun más en la pared-. ¡Yo no estoy loco!...

—Bueno -añadí resuelto-, comentó algo acerca de un «médico de la mente». Para eso están los neurólogos y nosotros, así que supongo que podremos servir. ¡Ah!, y respecto a lo de estar loco -dije sonriendo con amabilidad-, todo el mundo es inocente hasta que se demuestre lo contrario.

Aquella pequeña broma pareció tranquilizarle.

Aproveché.

—Acompáñenos, Javier. Pase con nosotros al despacho y veremos si podemos echarle una mano.

Me giré sin darle tiempo a responder, encaminando mis pasos lentamente hacia el despacho de psiquiatría. La estudiante titubeó, un tanto sorprendida ante mi reacción, pero se puso en marcha enseguida y el paciente no pudo sino unirse a aquella improvisada caravana.

El despacho era un pequeño cuarto de apenas tres por tres metros, situado en uno de los pasillos de urgencias. No tenía ventanas al exterior y estaba iluminado por una lámpara fluorescente que parpadeaba a cada rato, pidiendo a gritos un recambio. Cuatro sillas de plástico se situaban a ambos lados de la mesa, y completaba el mobiliario un armario estrecho apoyado contra una de las paredes. Aparentemente era un despacho normal, como tantos otros dentro del mismo hospital. Pero tenía unas peculiaridades que sólo podían ser reconocidas si uno se fijaba con atención. Tenía dos puertas de acceso, una a cada lado de la mesa, lo que era algo inusual en una habitación tan pequeña. La que se situaba inmediatamente detrás de la silla del médico se abría además hacia fuera. Con buen criterio uno podría preguntarse acerca del porqué de esta peculiar distribución. La respuesta es sencilla cuando nos imaginamos una situación en la que el médico tiene que abandonar el despacho con rapidez –no es infrecuente que un paciente se agite, o se muestre agresivo y amenazante–. En esas circunstancias, estaríamos atrapados sin remedio si sólo existiera la puerta de acceso del lado del paciente. Con una puerta a la espalda y que además abre hacia el exterior, podemos abandonar el despacho con rapidez y evitar un mal mayor.

Existía también, para este tipo de situaciones de urgencia, un pequeño botón situado bajo el nivel de la mesa (oculto así a la vista del paciente), que comunicaba con el control de seguridad en el caso de precisar su ayuda.

Había algunos detalles más, sólo evidentes para el ojo entrenado: la mesa estaba llena de papeles revueltos (hojas en blanco, un montón de informes sin archivar, anotaciones en sucio), pero sólo papeles. Ningún otro objeto. Al menos ninguno que sirviera para agredir o lesionar. La pared estaba discretamente acolchada y el armario estrecho dejaba ver dos gruesas piezas de metal que lo anclaban con fijeza a la pared. También el pequeño teléfono, que comunicaba con el exterior, estaba firmemente sujeto en uno de los laterales.

Sin duda, ninguna de esas cosas eran evidentes para los pacientes que pasaban día a día por ese despacho, como tampoco lo fueron para Javier ese día, pero él se paró en el umbral durante unos segundos y observó cada rincón de la habitación con minuciosa atención. Le miré de reojo mientras me acomodaba en la silla y aparentaba ordenar unos papeles hasta que finalmente tomó asiento. La estudiante lo hizo a mi lado, algo inquieta.

—Bien, Javier. Aquí estaremos más tranquilos y podremos hablar con mayor intimidad. Díganos, ¿en qué podemos ayudarle?

—Bu... bueno... –comenzó titubeante–, en realidad no se si van a poder ayudarme con lo que está pasando...

Era un buen comienzo. Ya había empezado a confiar. Traté de que no perdiera el hilo.

—Algo le está pasando y no sabe exactamente qué es, ¿no es así?

—¡No! –gritó de pronto–. Yo no he dicho que me pase nada a mí, he dicho que algo está pasando.

¡Vaya! En ese momento comprendí que estaba muy suspicaz. Habría que manejar la conversación con pies de plomo.

—Tiene razón, Javier, disculpe. Dijo que algo estaba pasando. Algo que parece que le está afectando a usted...

—¡Y cómo no me va a afectar, doctor! –reanudó–. Llevo varios días en los que casi no puedo dormir. He dejado de ir al trabajo y apenas salgo de mi casa. Están sucediendo cosas a mi alrededor, doctor –bajó el tono de voz y miró a los lados–, cosas extrañas...

—Debe de estar pasándolo muy mal... –acomodé mi tono de voz al suyo–. Pero, díganos, Javier, ¿qué clase de cosas?

Entonces se irguió en la silla y dijo:

—¿Cree usted en las casualidades? –la pregunta me cogió por sorpresa.

—Bueno... sí. En cierta medida, sí.

—Yo también creo, doctor, pero como usted bien ha dicho, «en cierta medida». Llega un momento en que las cosas no pueden coincidir de esa manera. No sin que haya algo detrás que las esté condicionando.

—Es una teoría interesante. Pero supongo que eso depende del tipo de coincidencias a las que se refiera. No tiene por qué ser como usted dice, Javier –comenté poniendo en duda su teoría. Quizá al sentirse cuestionado trataría de justificar su postura.

La estrategia funcionó.

—¿Ah, no? Y qué me dice de que cada vez que salgo a la calle, varias personas se comunican entre sí a través de gestos; de que hay referencias a mi persona escondidas en las noticias de varios periódicos nacionales; de las muecas y gestos de complicidad de ese presentador del telediario cada vez que habla acerca del alcalde. ¿Sabe usted que vivo a escasos cuarenta metros del ayuntamiento? ¿Le parecen esto meras casualidades?

El repentino torrente de revelaciones me paralizó por un instante. Miré de reojo a la estudiante, que no parpadeaba.

—En verdad son muchas las cosas que siente que están sucediendo a su alrededor, Javier -comenté con cuidado, validando sus experiencias-. Debe de ser de lo más angustiante. Pero, díganos, ¿cómo explica todo esto? Hablaba de gente detrás que pudiera estar condicionando las cosas...

Nos miró displicente, como si fuéramos niños a los que había que explicar lo obvio. Tras unos segundos de pausa, dijo:

—La compañía eléctrica, doctor.

—¿La compañía eléctrica? -pregunté sorprendido.

—¡Claro que sí! Verá -comenzó a explicar-, hace algunas semanas hice una reclamación a la compañía eléctrica por un fallo en uno de los recibos. Nada importante, una cantidad mínima, pero a mí no me gusta que se hagan mal las cosas y mandé una carta solicitando la devolución de dicho importe. ¡Qué grave error cometí! Desde que lo hice, mi vida se ha convertido en un infierno. Me vigilan permanentemente y me hacen la vida imposible. Recibo constantes mensajes de amenaza. He detectado que se comunican entre ellos con códigos para que no los entienda. Dominan los medios de comunicación... ¡No sabe hasta qué punto lo manejan todo!

—Está bien, Javier, tranquilícese. No olvide que aquí está seguro -le susurré con complicidad-. Ahora trate de explicárnoslo mejor. Habla usted de mensajes y códigos. ¿A qué se refiere?

—¿Que a qué me refiero? ¿Cómo interpreta usted que cuando voy a ver mi programa favorito de televisión, haya un fallo en la red eléctrica? ¿O que cuando salgo de mi casa, el portero y uno de los vecinos se toquen el pelo al mismo tiempo? ¿O que se me queme la comida que estoy preparando porque alguien ha dado más potencia a mi vitrocerámica?

¡Me están haciendo la vida imposible, doctor! ¡Son muy poderosos y pueden llegar a cualquier parte!

Se había mostrado evidente la patología de Javier: había desarrollado un estado de paranoia, en la que interpretaba cualquier acontecimiento casual como parte de una supuesta trama de la compañía eléctrica para perjudicarle. Pero de alguna manera, algo dentro de él le había hecho acudir a un médico. Una parte de su mente, aún sana, albergaba la posibilidad de que todo eso se tratase de un problema mental, que pudiera solucionarse con algún tipo de tratamiento. Era de vital importancia en aquel momento que no se arrepintiera de haber venido, hacerle sentir seguro y mantener su confianza. Pero estaba tremendamente angustiado y el menor error podía hacer que estallara de manera irreversible.

—Debe de estar viviendo un infierno, Javier, con tantas preocupaciones en su cabeza. Pero ha hecho usted muy bien en venir. Aquí podemos ayudarle a calmarse y a pensar en todo ello con mayor claridad. En ocasiones, cuando uno está muy angustiado, puede malinterpretar en parte sus percepciones...

Javier asintió y pareció tranquilizarse. Las cosas se estaban encauzando.

—Y con respecto a toda esa trama en su contra, no se preocupe: aquí está completamente seguro. ¡Este cuartucho está tan perdido en el hospital que aquí no nos encontrará nadie! –exclamé mientras le sonreía con complicidad.

Entonces, el fluorescente parpadeó un segundo. Y luego otra vez. Javier miró hacia arriba mientras su semblante se volvía otra vez sombrío. Y de pronto, la luz se apagó definitivamente, dejando el despacho en una total oscuridad. «¡Mierda! –exclamé para mí–. Deberíamos haber cambiado ese maldito fluorescente hace semanas.» Pero ya era tarde.

Durante unos segundos nos quedamos paralizados sin saber qué hacer. Nadie dijo nada, hasta que de pronto, volvió la luz. El halo blanquecino del fluorescente iluminó la cara de Javier, que miraba en todas direcciones con cara de espanto.

—¡La compañía eléctrica! —gritó—. ¡Me han encontrado! ¡Saben que estoy aquí! ¡Dios mío, no voy a poder escapar...!

Nos llevó casi veinte minutos explicarle a Javier que ese fluorescente llevaba estropeado desde hacía semanas, mucho antes de que él hubiera aparecido por allí. Pero por mucho que nos esforzamos, no quedó del todo convencido con nuestros argumentos. En cualquier caso, logramos que se quedara en el despacho y accediera a seguir hablando con nosotros, lo que nos indicó que aún mantenía parte de su confianza. Afortunadamente, el fluorescente nos dio un respiro y no volvió a fallar, pero no podíamos bajar la guardia ni un instante.

Nos comentó que vivía solo, pero que tenía un hermano en la ciudad. De acuerdo con él, decidimos llamarle. Sería un buen apoyo para Javier, y podríamos obtener más datos acerca de lo que le estaba ocurriendo. Además, en el caso de que pudiera venir, ganaríamos tiempo para seguir trabajando con nuestro difícil paciente.

—¿Quiere que le dé el número de su casa, doctor?

—No es necesario. Lo tengo aquí, en la ficha.

La estudiante, también algo más tranquila, me acercó el papel y marcamos el número desde el teléfono del despacho. Dio señal inmediatamente y respondió una voz de hombre. Hice un gesto a Javier con la cabeza: «Tranquilo, verás como todo va a solucionarse enseguida».

—¿Dígame?

—Hola, buenas tardes. Le llamo del Hospital General. Queremos hablar con algún familiar de Javier García, por favor.

—Yo soy un familiar suyo –contestó con cierto tono de sorpresa–. ¿Ha ocurrido algo?

—Verá, Javier ha venido esta tarde a urgencias porque no se encuentra bien. Nos preguntábamos si usted podría darnos alguna información acerca de...

De pronto, mi interlocutor me interrumpió.

—Disculpe, doctor, pero eso que me dice es imposible. Javier lleva toda la tarde en casa. En este preciso momento está en su cuarto, jugando con el ordenador.

Me quedé estupefacto, y no pude reprimir una expresión de asombro.

—Pero ¿cómo que está en casa? ¡Si en este momento está enfrente de mí en urgencias del hospital!

Levanté la cabeza para mirarle y confirmar que Javier seguía ahí sentado. Y, efectivamente, allí estaba, tenso y con la cara desencajada, que se iba tornando por momentos de un color blanco mortecino. No pudo más y estalló:

—¡Dios mío! ¡Me han sustituido! ¡Han creado un clon de mí mismo! ¡Ahora me harán desaparecer! ¡Esto es el fin! ¡Es el fin! –gritó completamente fuera de sí.

La situación se había ido de las manos. ¿Qué estaba sucediendo? Si Javier estaba en casa de su hermano, ¿quién era la persona que se encontraba enfrente de mí? Había que aclarar todo aquello cuanto antes y ya estaba bien de delicadezas.

—¡Ya basta, Javier! Todo esto debe de tener una explicación lógica. ¡Ahora manténgase en silencio mientras aclaro las cosas! –mi vehemencia pareció funcionar e hizo que Javier detuviera en seco sus lamentaciones, aunque no borró su expresión de terror.

—Está bien –proseguí algo más calmado, dirigiéndome a la persona que estaba al otro lado del auricular–. Dígame el nombre completo de la persona que se encuentra con usted en el domicilio, por favor.

—Es mi hijo, Javier. Javier García Caro.

Comprobé la ficha. El nombre coincidía. Me fijé en la edad. Correspondía a un chico de diecinueve años. Miré a Javier.

—¿Eres Javier García Caro?

Su cara su iluminó.

—No, yo soy Javier García Carlo... –De pronto pareció entender–. ¡No soy yo! ¡No soy yo! ¡Gracias a Dios no hay ningún clon! ¡Estoy salvado!

Por fin estaba aclarado. Todo había sido producto de un inoportuno error informático, un fallo al introducir el nombre en el ordenador. Me despedí de mi interlocutor y colgué el teléfono.

Descubrir el malentendido hizo que Javier se relajara por unos instantes. Pedí a la estudiante que trajera un vaso de agua para ganar tiempo, pero Javier lo rechazó amablemente. Luego se quedó en silencio, meditando por unos momentos en torno a lo que había sucedido. Y eso no era una buena señal.

Puede que no hubiera un clon, al menos de momento, pero habían sucedido demasiadas coincidencias. Ese error informático le había llevado muy cerca del precipicio, casi al límite de sus resistencias. Pronto podría pensar que sus enemigos utilizaban ahora armas mucho más sutiles en su contra: el terror, la confusión o la ambigüedad. Como en aquella película, *Luz de gas*, en la que un hombre intentaba volver loca a su esposa, para que la internaran en un manicomio y quedarse con su dinero. Ahora lo vería más claro. Quizá nosotros no éramos tan inocentes como pretendíamos, y detrás de nuestra insistencia en ayudarle podría esconderse algo más.

—Bueno, doctor –dijo entonces con un tono mucho más calmado, casi conciliador–, ahora que ya se ha aclarado todo, creo que me iré a mi casa. Tantas emociones casi pueden conmigo... En cualquier caso, muchas gracias por su ayuda.

Era evidente que había empezado a recelar de nosotros y que deseaba salir de allí cuanto antes, pero sin levantar sospechas. No le culpaba, pero ese hombre estaba realmente enfermo y necesitaba tratamiento. No podíamos dejarle ir, no en esas condiciones. Entonces, ¿cómo actuar para que rompiera sus resistencias y volviera a confiar en nosotros? Decidí jugármela a una sola carta. Si salía bien, quizá podríamos reconducir la situación.

—No confías en nosotros, Javier. Y crees que formamos parte de la conspiración en tu contra.

Mi sinceridad le sorprendió. No esperaba que pusiera en palabras sus pensamientos, de una forma tan abierta.

—Bueno yo... ¡Sí, tiene razón, doctor! ¡Ya no confío en ustedes! Lo que está pasando aquí no es normal, por mucho que usted me diga lo contrario. ¡Quiero marcharme a mi casa!

—Y no le culpo, Javier... Si yo estuviera en su situación también sospecharía. Y seguro que mi compañera también lo haría.

Me giré hacia Elena, esperando una confirmación a mis palabras. Quizá si ella hablaba, siendo una mujer y más joven, ayudaría a recuperar la confianza perdida. Pero no ponderé lo nerviosa que estaba.

—Yo... yo... –titubeó–, no sé... sólo soy una estudiante...

Mierda. La silencié con la mirada, pero ya era demasiado tarde.

—¡Una estudiante! ¡Usted me dijo que era doctora, como usted! A esto es a lo que me refiero. ¿Cómo pretenden que confíe en ustedes si me están mintiendo a cada momento? No, doctor, lo siento mucho pero yo me voy a mi casa...

Hizo ademán de levantarse e instintivamente alargué al brazo para retenerlo.

—¡No me toque! –contestó irritado–. Déjenme tranquilo, sólo quiero marcharme. No quiero más problemas.

—Está bien, está bien... Nadie le va a tocar, Javier. Y tiene razón, le mentí. Pensamos que no le gustaría que estuviera una estudiante sin experiencia durante la entrevista. Pero supongo que eso ya no importa. De todas formas, ¿por qué no se sienta y continuamos hablando...?

Fue inútil.

—Le he dicho que me marcho, y lo voy a hacer –dijo severo mientras pasaba la vista por el despacho, como si valorara sus posibilidades en el caso de que la situación se complicara aún más.

Definitivamente, todo se había torcido. Sólo se podía hacer una cosa. Intentar ganar algo más de tiempo para reconducir todo aquel desaguisado de la mejor manera posible.

—Está bien, puede irse –le dije–. Pero déjenos que al menos le hagamos un informe para que pueda acudir a su médico de zona. Quizá allí pueda encontrar la ayuda que no hemos sabido darle...

Titubeó durante unos instantes. Sin duda, a pesar de todo lo ocurrido, la parte «sana» de su cerebro intuía que aún precisaba de tratamiento. Aproveché.

—Vamos, Javier. ¿Por qué no nos espera fuera? Apenas tardaremos unos minutos. Puede tomar café, hay una máquina en la sala.

Se dirigió hacia la puerta que quedaba a su espalda. No nos movimos, y el hecho de que le dejáramos salir libremente del despacho, sin intentar detenerle, hizo que se relajara.

—Está bien. Los espero fuera.

Le sonreí a modo de agradecimiento y él, finalmente, también lo hizo. Abrió la puerta mientras yo respiraba aliviado de haber conseguido una cierta tranquilidad. Se giró para salir y, entonces, los vio.

Tres guardias de seguridad estaban apostados a escasos metros de la puerta y la vigilaban con celo. Con tanto revuelo, no caí en que les habíamos pedido que vigilaran a Javier, y con los gritos que habíamos dado durante la entrevista no era extraño que se hubieran apostado tan cerca de la puerta, por si tenían que intervenir.

Para cuando quise reaccionar, ya era demasiado tarde. Aquellos guardias eran la confirmación definitiva de todos sus miedos y sospechas. Tres hombres uniformados dispuestos a detenerle y encerrarle para siempre. Por eso le habíamos dejado salir con tanta facilidad, porque sabíamos que no tendría escapatoria.

Javier profirió un grito ahogado, y luego exclamó como poseído:

—¡Lo sabía! ¡Lo sabía! ¡Yo tenía razón!

Su expresión era una paradójica mezcla de pánico y alivio: alivio que se producía al entender por fin que lo que sucedía no era producto de su imaginación ni de ninguna enfermedad, sino que estaba ocurriendo realmente. Ahora sentía que estaba en lo cierto y si en algún momento había retenido alguna parcela de cordura en su mente, ésta se había esfumado por completo. No nos quedaba ninguna posibilidad de razonar con él.

Los gritos que dio paralizaron por un instante a los guardias de seguridad. Entonces Javier se abalanzó de un salto hacia delante, colándose entre dos de los hombres y encarando la sala de espera a toda velocidad.

—¡No me cogeréis, malditos! –exclamó sin volverse.

Salieron detrás de él como una exhalación. Me levanté y traté de decirles que se trataba de un error, pero ya era demasiado tarde. Estaban cumpliendo con la misión que les había encomendado yo mismo hacía tan sólo unos minutos: no permitir que el paciente se marchara hasta que se lo dijéramos; y estaba seguro de que la cumplirían con todo el empeño del que fueran capaces.

Salí apresuradamente del cuarto en su busca, pero antes, me giré hacia la estudiante, que estaba como petrificada en la silla, y le dije:

—Busca el teléfono de su hermano y llámale. Que venga inmediatamente. ¡Vamos!

No me detuve para ver si reaccionaba. Cuando llegué a la sala de espera no vi ni a Javier ni a los guardias de seguridad, pero sí las caras de todos los pacientes y familiares que allí estaban, mirando hacia la puerta que daba a la calle con cara de espanto. En el fondo de la sala, dos ancianas se levantaron muy despacio y se dirigieron hacia la salida sin decir nada.

«¡Maldita sea! –pensé–. ¡La que se ha liado!» En ese momento, se me acercó por detrás Pedro.

—Vaya, «loquero», como sigas montando estos numeritos vas a conseguir que se vacíe la sala de espera.

—¡No me fastidies! –le grité–. ¡Que no está el horno para bollos!

Salí preocupado a la calle y anduve durante unos metros, mirando hacia ambos lados. Nadie. No podía hacer nada salvo esperar. Reflexioné por un instante. ¿Cómo habíamos llegado a esa situación? Es verdad que Javier era un paciente paranoico, con los que hay que tener siempre mucho cuidado durante la entrevista, pero ya había tratado a muchos otros como él antes sin llegar a esos extremos.

Me sentía como si hubiera sido testigo impotente de toda una serie de desafortunados acontecimientos: el fluorescente estropeado, el error informático, la estudiante asustada y, finalmente, los guardias de seguridad. Parecía que los hados se habían conjurado para que todo fuera mal. ¿Era realmente el azar o tendría razón Javier al creer en la existencia de una mano oculta detrás de todo lo sucedido? Sacudí la cabeza sorprendido por lo sencillo que resultaba dejarse llevar por aquellos pensamientos en determinadas circunstancias...

Pero ya no había remedio. Por los motivos que fueran, habíamos llegado hasta esa estrafalaria situación, y sólo podía preguntarme: ¿cómo terminará todo?

Debieron de pasar varios minutos, porque sentí que empezaba a tener frío. Era ya de noche, seguía esperando en mitad de la calle y la bata no abrigaba demasiado. Me dirigía hacia uno de los laterales cuando, de pronto, oí unas voces que provenían de ese mismo lugar. Aceleré el paso y traté de entender qué era lo que decían.

—¡Soltadme, malditos! ¡Yo no he hecho nada...!

Javier se debatía inútilmente, transportado casi en volandas por los tres compañeros de seguridad. Estaba esposado y con la cara enrojecida. Al verme comenzó a gritar.

—¡Socorro! ¡Ayúdeme! ¡Quieren matarme, son de la compañía eléctrica...! –Pero entonces me reconoció–. ¡Es usted! ¡Usted está de su parte! ¡Nooooooo! –Estaba completamente fuera de sí–. Pagaré, pagaré todo lo que debo... ¡Haré lo que me pidan! Pero, por favor, no me encierren... –empezó a suplicar con sus últimas fuerzas.

El corazón se me encogió al ver a aquel hombre completamente desesperado. Los guardias de seguridad lo acercaron a mí.

—Aquí lo tiene, doctor. No vea lo que nos ha costado cogerle... ¡Cómo corría el tío!

—Muy bien –les dije casi en un susurro–. Ya podéis soltarle.

—¿Cómo dice, doctor? –parecían no entender.

—Soltadle, por favor.

—Está bien, usted manda.

A regañadientes le soltaron y le quitaron las esposas. Javier casi se desplomó. Estaba totalmente entregado.

—No me hagan daño, doctor, haré lo que sea, lo que sea...

En realidad, no sabía qué hacer con él. Por un lado, si volvíamos al hospital y lo ingresábamos para tratarle, podíamos dañar aún más su frágil estado mental al confirmar su peor pesadilla. Pero, por otro lado, tampoco podía dejarle ir a su casa en ese estado. ¿Qué decisión tomar?

Entonces un hombre se aproximó a nosotros apresuradamente, gritando el nombre de Javier. Éste le miró y su cara pareció iluminarse.

—¡Hermano...! ¡Hermano...! Menos mal que has venido. Ayúdame, por favor.

El hombre se detuvo junto a nosotros y Javier le abrazó.

—¿Qué ha sucedido aquí? Me llamaron hace un rato diciéndome que mi hermano se encontraba mal.

«Parece que finalmente la estudiante pudo localizarle», pensé aliviado. A pesar de que poco antes había metido la pata, tendría que felicitarla después por esa buena actuación.

En ese momento vi la posibilidad de acabar con todo aquel embrollo. Resumí al hermano que después de valorar a Javier y diagnosticarle un cuadro de paranoia, había intentado irse del hospital y habíamos tenido que retenerle contra su voluntad. Él, por su parte, confirmó que llevaban varios días observando en Javier un comportamiento «extraño», y se alegró de que hubiéramos podido hacer finalmente un diagnóstico, aunque fuera en aquellas circunstancias.

Teníamos ahora dos opciones: la primera era ingresarle en el hospital para su tratamiento, algo con lo que Javier no estaba en absoluto de acuerdo. Y la segunda...

—Lo que sea, doctor. Cualquier cosa menos que me ingresen. No dejes que me ingresen, hermano, haré lo que me pidan... –rogó Javier.

—Está bien –dije–. La segunda opción es que vayas a casa con tu hermano y tomes la medicación que voy a darte. Y que mañana por la mañana acudas sin falta al psiquiatra del ambulatorio para una cita de control. Éstas son las condiciones. Si no lo haces así –le miré muy serio–, haré que te vayan a buscar para ingresarte.

—¡No, doctor, eso no! Le prometo que haré todo lo que me ha dicho punto por punto.

—No se preocupe, doctor –añadió el hermano–, yo mismo me encargaré de que se haga como usted dice. Y si no cumple lo pactado, me haré cargo en persona de traerle al hospital. Le doy mi palabra.

—No hace falta –le dije–, me fío de usted.

Metí la mano en el bolsillo de la bata y saqué una receta. Garabateé la medicación que debía tomar y la dosis adecuada, junto a una escueta nota para su psiquiatra del ambulatorio, explicando muy brevemente lo ocurrido.

—Aquí tienen. Y no olviden lo que hemos acordado.

—Así lo haremos, doctor –respondieron casi al unísono mientras nos dábamos la mano a modo de despedida.

Me quedé quieto, observando cómo se alejaban hasta desaparecer en la siguiente esquina. Entonces respiré aliviado. Sea como fuere, se había conseguido reconducir aquella rocambolesca situación hacia un final razonable. Javier iba a estar vigilado por su hermano, y con el susto que se había llevado, estaba seguro de que tomaría la medicación religiosamente y acudiría a la cita del día siguiente.

Volví sobre mis pasos acompañado por los de seguridad, que me miraban algo decepcionados por el parco resultado de su persecución. Al entrar de nuevo en el hospital, sentí el calor reconfortante de la sala de espera. Entonces me acordé de Elena. La pobre debía de estar completamente alucinada por la manera en la que se había desarrollado su primera entrevista con un paciente psiquiátrico. Pero tenía que felicitarla porque en el momento más complicado pudo localizar al hermano de Javier, y eso era lo que había ayudado a alcanzar una solución más o menos satisfactoria.

Me dirigí a la sala de urgencias, pero no estaba allí. Di una vuelta por la sala de espera, pero seguía sin encontrarla.

—Si buscas a la estudiante, no está aquí. –Era la voz de Pedro. Me giré hacia él.

—Hola, Pedro. Perdona por lo de antes –le dije-, no quería gritarte, pero la situación estaba complicándose.

—No te preocupes, ya me di cuenta. Por mi parte, está olvidado.

—Gracias... Por cierto, ¿qué me decías de la estudiante?

—Se ha ido. Me pidió que te dijera que muchas gracias por todo, pero que por hoy ya ha tenido bastante psiquiatría. Creo que ha decidido hacerse anestesista.

—Bueno, al menos a ellos... ¡no se les escapan los pacientes corriendo!

Nos reímos juntos de la broma durante un rato. Fue una buena manera de aliviar la tensión acumulada.

—Bien, Pedro, te veré en la cena.

—Hasta luego entonces. Y que se mejore tu guardia. Creo que te has ganado un descanso.

—Gracias –le contesté mientras me alejaba.

Tenía razón. Me había ganado un buen descanso. La verdad era que durante todo aquel rato, el busca no había vuelto a sonar. «Como suelen decir –reflexioné–, después de la tormenta, viene la calma.» Continué dirigiendo mis pasos hacia el despacho. Ya me imaginaba con los pies en alto y poniendo la radio con un poco de música relajante, cuando en ese preciso instante... ¡Piiiiiiiii, piiiiiiiii, piiiiiiiii...!

Miré a aquel aparato del demonio mientras sonaba sin compasión, y pensé: «Maldito seas, Murphy, maldito seas».

Hacía una semana que había vuelto a la cómoda rutina del hospital de día, dejando atrás el bullicio de las urgencias. Se sentía arropado por las viejas salas de terapia, las entrevistas, los compañeros, el estricto horario de tareas y comidas...

Sin pararse a pensar en el porqué, ahora percibía todas esas cosas con un matiz diferente. Como si intuyera que quizá fuera a vivir alguna de ellas por última vez.

«Si al menos las cosas marcharan mal, todo resultaría más fácil», pensó. Pero no era así. Eran muchos años de rodaje en la profesión como para que nada pudiera desviarse demasiado de las posibilidades terapéuticas del centro. El equipo funcionaba como un perfecto engranaje, afinado por el tiempo y la experiencia. Los pacientes seguían llegando con sus problemas, con sus

enfermedades, con sus historias personales. Y mejoraban. Y entonces se iban, y otros venían para ocupar su lugar. Era como una pequeña ciudad, o quizá como una gran familia, con muchos y cambiantes miembros, dedicada a mejorar la vida de cada uno de ellos.

¿Por qué debía decidir? ¿No podían ser las cosas siempre así? Sabía de sobra la respuesta. Todo tiene un principio y un fin. «Pero hasta entonces —se dijo—, recibiremos a todos los nuevos miembros a los que podamos ayudar.»

16

Óscar, el hombre del puro

Hay personas que tienen nuestro cariño de forma incondicional. No importa lo que hagan, lo que digan o lo que piensen, ni que esto haya podido herir o perjudicar a otros, o a sí mismos. Se lo perdonamos y lo justificamos todo. Estas personas poseen algo especial. Óscar lo tenía, tanto para bien como para mal. Porque esa parte suya misteriosa y seductora no provenía tan sólo de su incesante actividad, su sonrisa perenne o sus constantes bromas. Provenía también de que Óscar estaba, para su desgracia, completamente loco.

Le conocí en una de las guardias y ya no le pude olvidar. Había ido con unos amigos a la costa para hacer surf. Se habían alojado en un apartamento de alquiler junto al mar, y durante dos semanas se dedicaron a peinar las olas y salir de fiesta. Todo parecía haber ido muy bien. Terminaban unas estupendas vacaciones y regresaban a casa, pero un incidente en una gasolinera propició que sus amigos le trajeran urgentemente al hospital...

—¿Qué es lo que ha pasado? –pregunté a los dos jóvenes que se sentaban enfrente de mí y de la enfermera en el despacho de urgencias, sin dirigirme a ninguno en concreto.

El más bajo de los dos, que mostraba una cara de abierta preocupación, contestó enseguida.

—Verá, doctor, es por Óscar –dijo señalando a su compañero con un gesto con la cabeza–. Se ha comportado de una manera muy extraña en estos últimos días.

Miré al supuesto Óscar mientras su amigo hablaba. Era joven, alto, bien formado y con una cabellera rubia y larga que lucía desaliñada, pero con estilo. Mostraba también un moreno muy marcado, el de alguien que pasa muchas horas al sol.

—¡Pero qué dices de extraña! –interrumpió de repente con una abierta sonrisa–. Yo no me comporto de ninguna manera extraña. Lo único que veo extraño es tu corte de pelo, que parece que te lo ha hecho una cabra a mordiscos.

No pude evitar sonreír levemente ante su acertado comentario, mientras de reojo miraba la cabeza llena de trasquilones de su amigo.

—Por favor, Óscar –interpuse rápidamente–. Deja que tu compañero se explique. Luego tendrás tiempo de decir lo que quieras.

—Está bien, doctor. Que se explique... ¡pero que no se complique! –concluyó de pronto, echándose a reír por su ocurrencia.

—¿Lo ve, doctor? –continuó su amigo–. A esto es a lo que me refiero. Él siempre ha sido muy bromista, pero ahora

no para ni un instante. Y las bromas son cada vez más ina-
decuadas. No se da cuenta de lo que hace...

—¿Y qué es lo que ha motivado que lo traigáis a urgencias? –pregunté.

—Ha sido al repostar en una gasolinera de vuelta a casa.
Ha visto un cartel publicitario que anunciaba puros y de
pronto, antes de que nos diéramos cuenta, ha salido del
coche, se ha quitado toda la ropa y ha comenzado a correr en
círculos desnudo, con los brazos abiertos y gritando: «¡Toma
puroooooo...!».

Miré a Óscar con curiosidad, tratando de no reír ante lo
absurdo de la situación. Vi que sonreía al escuchar lo sucedido en boca de otra persona, como si disfrutara de una
anécdota en la que él no tuviera nada que ver. Me giré hacia
la enfermera buscando algo de seriedad, pero ésta hacía
esfuerzos para contener la risa, dando pequeños saltitos en la
silla.

Con el tono más serio que pude, le pregunté directamente:

—Pero Óscar ¿cómo has hecho eso?

Me miró mostrando sus dientes blancos, que contrasta-
ban aún más con el moreno de su piel, y dijo:

—Es muy sencillo, doctor. Lo hice... ¡así!

Y en menos que canta un gallo se levantó de la silla, de
un tirón se quitó los pantalones, llevándose los calzoncillos
con ellos, y mientras de un salto se subía a la mesa, se
arrancó la camiseta, quedándose completamente desnudo
con los brazos en cruz.

—¡Toma puroooo!

Su amigo le miraba con renovada cara de espanto y yo
no pude menos que estallar en una risa nerviosa. Y mientras,
la enfermera, con los ojos abiertos como platos, por mucho

que lo intentaba, no podía apartar la mirada de aquel mencionado «puro»...

Ése fue el primer contacto con Óscar. Y no hizo falta ninguno más para darnos cuenta de que aquel chico necesitaba ayuda. Pronto empezó a acudir a las terapias del hospital de día. Y pronto descubrimos también que su problema no era actual, sino que de una forma larvada había estado enraizándose en la mente de Óscar desde hacía meses. Lo que había sucedido a la vuelta de aquel viaje era tan sólo la punta del iceberg.

—Verá, doctor -nos pudo contar pasadas ya unas semanas-, todo fue ocurriendo muy poco a poco. Primero empecé a pensar que yo era alguien especial. No es que hubiera algún motivo para creerlo, pero tenía la completa convicción de que así era. Debía serlo; al fin y al cabo todos somos únicos, todos somos diferentes. Pues bien, en esa diferencia, yo sentía que estaba llamado a hacer cosas muy importantes. Al principio pensaba que podía haber sido elegido por alguien superior, un dios o algo así. ¡Como un Jesucristo que fuera a salvar la Tierra! Pero luego me fui dando cuenta de que eso no iba conmigo. Ya hay demasiadas religiones y profetas, y muchos mesías... Lo mío tenía que ser algo más universal, algo que llegara a todo el mundo; a las personas de todas las edades y nacionalidades. Y entonces lo vi claro. Lo que yo iba a ser era... ¡futbolista! Pero no uno cualquiera -continuaba-, sino el más famoso del mundo, capaz de hacerlo todo, dentro y fuera del campo de juego. Así es como me siento cuanto no estoy bien. Me siento el centro del mundo, el hombre más feliz de la Tierra, el más poderoso; me desinhibo, hago locuras, ¡me siento libre!... Y ésa es la paradoja, doctor: cuando se supone que estoy mal

–relataba con un poso de amargura–, es cuando mejor me siento...»

Es curioso observar cómo las enfermedades toman diferentes formas según la época en que se manifiestan. A principios del siglo XX, los enfermos mentales se sentían influenciados por espíritus, brujas, demonios... Con el paso del tiempo y el desarrollo de la tecnología, estos mismos pacientes se veían controlados por implantes de microchips y vigilados por cámaras de vídeo inexistentes. Y ahora, los delirios de grandeza en los que antes uno creía ser el hijo de Dios, un emperador o un rey todopoderoso se adaptan a nuestros tiempos en forma de futbolistas.

A pesar de su aparente conciencia de tener una enfermedad que debía tratarse, Óscar era un pésimo paciente. Se saltaba las terapias, las interrumpía, escondía la medicación, hacía bromas constantes...

Se metía con todos y con todo, pero lo hacía con tal gracia, soltura y afecto que nadie podía resistirse a su innato poder de seducción y acabábamos por perdonarle casi todas sus «travesuras».

Pasaba el tiempo y Óscar parecía mejorar. Pero no sin esfuerzo, porque sentía que renunciaba a algo que, aunque fuera de una manera artificial y enferma, le llenaba y le hacía feliz.

—No lo entenderá usted, doctor. Es muy difícil decir que no a estos pensamientos que están llamando a la puerta constantemente para reclamar su sitio en mi cabeza. Es cierto que con la medicación disminuyen y que con las terapias he aprendido a rechazarlos mucho mejor que antes. Pero aun así, ¡es tan grande la tentación de abandonarse a ellos...! Sé que si lo hago sólo me traerán problemas (¡aquí estoy, en un psiquiátrico!), pero durante unos momentos, me hacen sentir tan bien...

No era tan difícil de comprender. Todos nos refugiamos en la fantasía e imaginamos ser héroes, salvadores del mundo, descubridores, grandes profesionales recibiendo premios... Pero sabemos que antes o después debemos volver a la realidad y enfrentarnos con las dificultades del mundo y con nuestras propias limitaciones. ¿Y si pudiéramos alargar esa sensación durante unos instantes más? ¿Qué no daríamos para que se hiciera realidad, aunque sólo fuera durante un momento?

Por suerte o por desgracia, la realidad impone su implacable ley. Tenemos que comer, vestirnos, criar a nuestros hijos, trabajar... y para ello debemos *aparcar* nuestras fantasías y asentar los pies en la tierra.

Pero ¿qué sucede cuando estas fantasías son más fuertes que nuestra voluntad y nos requiere mucho más esfuerzo el poder permanecer firmes en la realidad? Y sobre todo, ¿qué pasa cuando la alternativa a ser un futbolista todopoderoso es ser un enfermo que acude todos los días a terapia en un psiquiátrico?

No es entonces tan difícil de entender que Óscar sintiera el deseo de dejarse llevar y abrazarse a sus delirios sin remedio. Y aunque durante un tiempo largo se mantuvo firme en su lucha por permanecer anclado en la realidad, un día, simplemente, no pudo más...

Fue en uno de los grupos de terapia. Llamaba la atención que Óscar estaba especialmente callado y meditativo, pero por otra parte agradecíamos que se mantuviera en silencio para evitar sus frecuentes interrupciones.

Se trataba el caso de una chica con un problema de anorexia. Explicaba cómo veía su cuerpo gordo y deforme por más kilos que perdiera.

—¡Sí, ya lo sé! –se quejaba abiertamente–. Ya sé que todos me decís que estoy muy delgada, pero yo me miro los brazos y las piernas, y las veo fofas y regordetas. Lo que me pasa es que...

De pronto un grito de angustia la interrumpió. Todos nos giramos. Era Óscar, que se cubría la cara con las manos.

—Óscar –dije con un tono de cuidado y preocupación–, Óscar, ¿qué es lo que te pasa? ¿Estás bien?

No dijo nada y profirió otro profundo lamento. Entonces se quitó las manos de la cara y gritó:

—¡Ya no puedo luchar más! ¡No puedo!

Nos quedamos paralizados ante sus palabras llenas de desesperanza. En ese mismo momento rompió a llorar. Al principio apenas unos sollozos, pero luego de una forma incontenible, cubriéndose nuevamente la cara. Una tremenda sensación de angustia nos invadió a todos, al ver como aquel chico joven y enfermo mostraba tan abiertamente su dolor.

Y entonces, las lágrimas asomaron por sus mejillas y llegaron a sus manos y a su pecho, y gotearon sobre el suelo. Y poco a poco esas lágrimas inconsolables inundaron el suelo y llegaron a nuestros zapatos y subieron por nuestros pies. Y fueron calando nuestras pantorrillas y nuestro vello, y los músculos, los nervios y los huesos. Y finalmente calaron nuestro corazón y la misma alma, y así, comenzaron a resbalar por las mejillas de todos los que estábamos allí.

—Me siento –nos dijo en una ocasión–, como si estuviera en una barca a la deriva en la que no cesa de entrar agua, y tuviera que luchar para no hundirme, achicándola sin descanso. Como en un combate de boxeo con miles de asaltos, en los que a veces voy ganando yo y a veces mis delirios; pero siempre luchando, luchando... En ocasiones me invade el deseo de dejarme llevar por esa fuerza que me arrastra al fondo, sabiendo que al final de todo me espera ella, que me atrae y repele con la misma intensidad. Porque es allí donde sufro y descanso, lloro y me consuelo al mismo tiempo. Siempre ella, esperando, con su frío abrazo... la locura.

Y mientras Óscar lloraba, entre sus dedos nos intuía, por momentos, mirándole. Y a través de nuestros ojos se veía a sí mismo, tan joven y atacado por una enfermedad cruel. Cerraba los ojos y el agua entraba a borbotones en la barca hasta que finalmente una luz le cegaba. Abría de nuevo los ojos y volvía a contemplar una realidad dolorosa y maldita. Los cerraba, y la luz cada vez era más cercana y cálida, y también terrible, porque sabía que ella le esperaba allí, tal y como había soñado y temido tantas veces. Nos miró y se contempló por última vez, despidiéndose de nosotros y de todo lo que ya no podía soportar. Cerró los ojos y al abrirlos la luz le deslumbró. Dio un paso hacia ella y... ¡allí estaba! ¡En el campo de fútbol donde tantas veces se había imaginado! Los focos le iluminaban y el público rugía coreando su nombre. Sin el menor atisbo de duda, comprendió que por fin había llegado su gran momento. Respondió avanzando con los brazos abiertos para saludarlos a todos y llegó al centro del campo, donde la pelota ya estaba preparaba. Y entonces, cogiendo carrerilla, en ese delirio de todos y todo, sintiéndose inmortal, chutó el balón.

Desde fuera, vimos como Óscar se había calmado por fin. Al separar sus manos de la cara, se quedó con la mirada perdida en un punto, sin responder a nuestras preguntas. Y sin hacer más que un leve balanceo de su cuerpo y musitando incomprensiblemente en voz baja, todos pudimos ver cómo finalmente, después de tanto rato de sufrimiento, sonreía.

Aquélla fue la primera vez que vimos a Óscar completamente atrapado por sus delirios. Sentir aquel contraste entre el chico risueño y bromista y el que mostraba su enfermedad con toda la crudeza fue muy duro para todos.

Pero mucho más lo era para él. Óscar tuvo que ingresar en la planta del hospital durante un tiempo mientras se le trataban de controlar los síntomas, lo que no resultó nada fácil. La medicación prescrita conseguía mantener a raya los delirios, pero no estaba exenta de efectos secundarios: sedación, embotamiento, dificultad para moverse, para leer, para concentrarse... Y eso era muy duro de aceptar para alguien que había hecho de la espontaneidad, la broma y el afecto desbordado su mejor arma de relación. Óscar lo vivía con manifiesta desesperanza: en numerosas ocasiones escondía debajo de la lengua la medicación para después tirarla, y las enfermeras se veían obligadas a dársela disuelta en agua para asegurarse de que la tomaba correctamente.

A pesar de todo, fue mejorando y recuperó poco a poco el ánimo y la energía de antes de la grave crisis. Finalmente aceptó, o al menos eso nos aseguró con total vehemencia, que estaba «por llamarlo de alguna manera, ya que ustedes insisten tanto, enfermo», y que necesitaba tomar un tratamiento.

—¡Que sí, que me he dado cuenta! Tengo una enfermedad, comoquiera que se llame, que precisa un tratamiento. Pues como yo digo, «la medicación es tu amiga». Aunque me tendrá usted que reconocer, doctor, que es más amiga tuya cuanta menos dosis tiene. ¡Porque hay que ver cómo me dejaron al principio de ingresar, que parecía un muñeco de trapo! En fin, que me voy por las ramas. Nadie mejor que yo sabe lo mal que se pasa cuando te viene la crisis... Aunque también la medicación tiene lo suyo...

Tenía razón, nadie mejor que él para saber lo mal que lo había pasado. Pero parece existir un mecanismo universal entre los pacientes que maquilla en la memoria los sufrimientos pasados, y exacerba las molestias presentes. Los efectos secundarios del tratamiento eran, sin duda alguna, un mal menor, pero Óscar, que ahora se encontraba bien, los vivía como un obstáculo para volver a la normalidad.

Tomamos la firme determinación de que esa vez no íbamos a dejarnos seducir, y cuando Óscar regresó definitivamente al hospital de día, pusimos todo nuestro empeño en que no volviera a repetirse una situación como la pasada.

Planteamos una estrategia conjunta en la que cada terapeuta se encargaría de cumplir una parte: la enfermera, de que no «escamoteara» el tratamiento; el terapeuta ocupacional, de que aprendiera a centrarse en sus tareas sin interrumpirlas; el psicólogo, de que fuera aceptando y trabajando sus limitaciones... Y todos, de evitar que con sus constantes bromas y trastadas, con las que no podíamos dejar de sonreír, se boicoteara el tratamiento.

Y esto último era, en ocasiones, bastante difícil de conseguir:

—Pues sí, doctor -nos comentaba su madre en una de las visitas rutinarias-, lo cierto es que yo también veo bastante mejorado a Óscar. Con sus cosas, claro, que ésas no se las quita nadie, usted ya me entiende. Pero de alguna manera está más centrado. Incluso últimamente se ha aficionado a la jardinería: ¡no vea cómo se distrae con las plantas...!

—¿Con la jardinería? –pregunté extrañado, al no haber oído comentar nada de eso a Óscar en ninguna de las terapias.

—Sí, ha puesto varios tiestos en la terraza de casa. Aunque es algo extraño, porque sólo cultiva un tipo de planta. Y bastante sosa por cierto: ¡ni siquiera tiene flores! Mire, precisamente aquí tengo una hoja seca que me dio mi hijo para que la usara como marcapáginas en el libro que estoy leyendo. Tenga, quizá la conozca usted...

—Pero... si esto es... ¡marihuana! ¡¡Óscar!! ¡¡Ven para aquí ahora mismo!!...

En otra ocasión:

—¿Alguien ha visto mi bata blanca? Llevo un rato buscándola y no la encuentro... –pregunté con inocencia una mañana, pensando en que la habría dejado olvidada en cualquier despacho.

—La verdad es que no –contestaron al unísono varios compañeros que tomaban café en uno de los descansos.

Un murmullo de agitación se oía a través de la ventana. Venía de la plaza.

—¿Qué es lo que está pasando ahí fuera? –dije mientras me asomaba instintivamente.

—Pero... ¿ese no es Óscar?

Y tanto que lo era. Ataviado con una bata blanca y rodeado de gente, exploraba la boca abierta de un anciano, que le miraba fijamente. Al lado, apoyado en un banco, un cartel que decía: «Se realizan chequeos médicos. La voluntad».

Todos gritamos al unísono: «¡¡Óscar!! ¡¡Ven para aquí ahora mismo!!...».

Y más:

Todo un bote de picante en la comida... «¡¡Óscar!! ¡¡Ven para aquí ahora mismo!!...». Grillos en la sala de terapia... «¡¡Óscar!! ¡¡Ven para aquí ahora mismo!!...». El comedor

empapelado de fotocopias de un trasero masculino...
«¡¡Óscar!! ¡¡Ven para aquí ahora mismo!!...».

En fin, cada vez que había una gamberrada en el centro, no teníamos que pensar demasiado para identificar a su responsable. Pero también hay que decir que aquella época en la que Óscar estuvo en el hospital de día, pasamos alguno de los mejores ratos dentro de nuestra, tantas veces ingrata, profesión. Y su cariño, alegría y afecto infinito dejarían una huella indeleble en todos y cada uno de nosotros.

Trastadas aparte, Óscar pudo mantener sus delirios a raya durante un largo tiempo. Eso le permitió conseguir una plaza en una escuela de oficios para aprender carpintería, e inició una relación de pareja con una antigua paciente del hospital. Se le veía más sensato y centrado, y sobre todo consciente de que debía cuidarse para evitar futuras recaídas.

Y entre estas y otras cosas, con la ilusoria percepción de que el tiempo no transcurre cuando se ve a alguien todos los días, llegó finalmente el día en que tuvimos que despedirle.

Tras el ritual del adiós (tarta de celebración, cánticos y alguna que otra lágrima incluida), me reuní con él en el despacho.

—Bueno, Óscar —comencé diciéndole, con una mal disimulada pena en la voz—, por fin te vas de alta. Te he preparado un informe para que se lo lleves a tu nuevo médico. Aquí lo tienes. Debo también decirte que ha sido un placer tratar contigo, y creo que es un sentimiento que compartimos todo el equipo de terapeutas. Pero antes de irte quiero insistir... Sí, ya sé que lo sabes... que tienes que tomarte muy en serio el tema de la medicación; y lo de llevar una vida lo más ordenada posible, y las citas de seguimiento...

—Que sí, doctor, no se ponga usted pesado, que lo tengo bien sabido. ¡Anda que no me lo han dicho veces! Me cuidaré, se lo prometo. Y tomaré mi medicación. Y ya que estamos de despedida, yo también quería decirle —continuó— que he estado muy bien aquí, y que he aprendido muchas cosas. —Se quedó pensando durante unos segundos y añadió—: Creo que esta vez podré mantener a raya mis delirios, porque ¿sabe una cosa?: aunque a veces la realidad sea más dura, merece la pena. —Y mostró orgulloso una foto de la chica con la que había empezado a salir.

—¡Estoy seguro de que sí! —dije, y nos dimos un abrazo de despedida antes de que saliera finalmente por la puerta.

Me senté a ordenar unos papeles, tratando de despistar la extraña mezcla de sentimientos que produce ver marchar a un paciente al que se le ha cogido tanto cariño. No habían pasado ni dos minutos cuando desde la ventana del despacho se oyó un murmullo, y luego con total claridad: «¡Toma puroooooooo...!»

—¡Oh, no! —pensé instintivamente mientras corría en dirección a la calle—. ¡Otra vez no...!

Al salir, encontré a Óscar rodeado de los demás pacientes, que me miraban muertos de risa.

—¡Tranquilo, doctor! —dijo con su sonrisa inmaculada cuando me vio aparecer con cara de espanto—. ¡Que sólo era una broma!

Hay personas que tienen nuestro cariño de forma incondicional, y sin duda Óscar había sido una de ellas. De pronto se sintió incómodo. Una pregunta había irrumpido en su pensamiento con toda su crudeza: ¿volvería a verlo alguna vez?

No era infrecuente encontrarse con los pacientes de nuevo: a algunos se los citaba en el mismo centro durante algún tiempo para el seguimiento y control, antes de ser derivados definitivamente a sus centros de salud. A otros los volvía a encontrar en el servicio de urgencias del hospital en algún momento difícil, coincidiendo con alguna de sus guardias. Y un porcentaje pequeño (aunque no desdeñable) reingresaba de nuevo en el hospital de día para ampliar o retomar el tratamiento tras una recaída. No era la mejor forma de reencontrarse (él siempre decía de una manera teatral cuando se marchaba un paciente: «¡No quiero volver a verte por aquí! ¡Sólo en el cine o en el parque!»), pero siempre le agradaba ver de nuevo a alguien con el que había compartido tantas experiencias.

Pensó en Óscar y en esa pregunta intrusa y maldita que había acudido a su mente. Y entonces se dio cuenta realmente de que los pacientes que vería en las próximas semanas podían ser los últimos de su vida como psiquiatra.

17

Zapatones, el *Loco sabio*

Luis llegó de madrugada, acompañado por la policía y sin saber a ciencia cierta por qué le llevaban a un hospital. Enseguida se daría cuenta de que ya no era libre para hacer lo que más deseaba, y allí, en la planta de ingreso para pacientes psiquiátricos, viviría alguno de los peores momentos de su vida.

Pero aun en esas difíciles circunstancias, este entrañable y solitario anciano nos aportó a todos los que le acompañamos durante aquel tiempo, una sabiduría, un cariño y una ternura que ningún otro paciente nos había entregado antes.

Todo comenzó una tarde en la que sus vecinos, cansados tras varios meses de disputas y altercados, avisaron finalmente a la policía. Cuando los agentes llegaron al domicilio, pronto se percataron de que no iban a tratar con un hombre normal...

—Mire –comentó al policía un hombre grueso que vivía en el piso inmediatamente superior al de Luis–, no podemos más. Son ya muchos meses aguantando las quejas y las amenazas de este hombre. Y sobre todo yo, que me ha puesto incluso varias denuncias por hacer ruido... ¡y yo apenas estoy por casa!

—Está bien, tranquilícese –contestó cadencioso el agente, acostumbrado a mediar en trifulcas vecinales–. Cuéntenos exactamente lo que ha sucedido hoy.

El vecino le explicó que Luis había increpado a una vecina de forma airada, acusándola de echar lejía en sus plantas. No era la primera vez, pero en esa ocasión lo había hecho con tales aspavientos que la mujer casi se cae por las escaleras.

—Comprendo –contestó el agente–. Díganos cuál es el piso y veremos qué es lo que se puede hacer.

Llegaron hasta la puerta y llamaron. Nadie contestó. Pasaron unos segundos antes de repetir la llamada.

—Está ahí, seguro –añadió el vecino–. No ha salido de su casa desde esta mañana.

—¡Abra, es la policía!

Se oyeron algunos ruidos de pasos acercándose. Instintivamente, el policía apartó con su brazo al vecino y se situó al borde de la puerta.

—¡Vamos, sabemos que está ahí! ¡Abra, por favor!

Una voz cascada rugió desde dentro.

—¡Váyanse! A mí no pueden engañarme. Sé que están todos compinchados con esa maldita bruja del piso de arriba. Pero han de saber que no voy a renunciar a mis derechos constitucionales, y que la ley, que tan bien conozco como abogado en ejercicio que soy, me ampara hasta en las más mezquinas trampas que la gente de esta comunidad de vecinos haya urdido en mi contra. Y por la presente –prosiguió la voz

222

sin apenas detenerse–, declaro que la inviolabilidad del domicilio es sagrada, como sagrada es la vida de los animales y demás seres vivos. Y ahí están incluidos mis geranios, cuya integridad ha sido transgredida por el vil envenenamiento de esa mujer del quinto. Que sé de buena tinta que recibe órdenes directas de la mencionada bruja del piso de arriba. ¡He dicho!

El policía, asombrado ante semejante retahíla incomprensible, se giró hacia el vecino que le acompañaba esperando ver la misma cara de estupor. Pero para su sorpresa, lo que vio fue una expresión de hastío que le hizo pensar que no era la primera vez que escuchaba algo así.

—No se asombre –intervino rápidamente el vecino al darse cuenta de la situación–, es que nosotros ya estamos acostumbrados. ¡Ah!, y si se pregunta quién es esa bruja a la que hace mención, le diré que es mi madre, ¡que lleva más de veinte años muerta!

Eso fue suficiente para convencer al policía de que estaban tratando con alguien que no debía de estar bien de la cabeza, y tras las oportunas llamadas puso en marcha el dispositivo para que los servicios médicos procurasen una valoración de aquel hombre y aconsejasen la mejor manera de intervenir.

Aquel verano hacía un calor sofocante y la gente había huido de la ciudad buscando remedio en el campo y la playa. Por una extraña carambola en forma de favor personal –«Por Dios, tienes que cubrirme durante unos días en los servicios de urgencias. Si no cojo vacaciones, mi mujer me mata»– y de una llamada de los juzgados de guardia –«Su señoría pide una valoración psiquiátrica en el siguiente domicilio. Por favor, tome nota...»–, me vi frente a la puerta de un vecino conflictivo, flanqueado por un hombre grueso harto de problemas y por un policía cansado de esperar.

—Que no está bien, ya se lo digo yo –señaló el policía–. Llevo dos horas escuchando historias de tramas, amenazas, espías y geranios asesinados. El problema es que si no abre la puerta, nosotros no lo podemos hacer a no ser que usted certifique que hay algún peligro, ya me entiende.

Entendía que quería acabar cuanto antes y dedicarse a otras cosas que juzgaba, sin duda, más interesantes. Pero no quedaba más remedio que hacer una valoración para poder decidir qué era lo mejor. Apoyé las manos contra la puerta y acerqué la cabeza.

—Luis –comencé a decir tímidamente–, ¿me escucha?

—¡Claro que le escucho! –gritó una voz apenas un segundo después–. ¿Es que también se creen que estoy sordo? ¿Quién es usted? ¿Y qué quiere de mí?

—Soy médico, del servicio de urgencias. Me han llamado para que vea si se encuentra usted bien.

—Pues es evidente que no me encuentro bien. ¿O lo estaría usted si fuera amenazado a diario por una pléyade incansable de torturadores (porque no tienen otro nombre) que le hicieran la vida imposible? ¿Lo estaría sabiendo que está siendo vigilado las veinticuatro horas del día? ¿Lo estaría si...?

La voz cascada que salía detrás de la puerta estuvo casi cinco minutos argumentando por qué no podía encontrarse bien. Y fueron suficientes para comprobar que detrás de aquella puerta había un hombre que precisaba ayuda, pero de una manera que no era exactamente la que él pensaba. Me giré hacia el policía.

—Va a ser necesario que lo traslademos al hospital para hacer una valoración en profundidad. Es probable que necesite tratamiento.

—Ya veo... –dijo con una expresión de suficiencia que parecía significar: «Tantos años de estudio para decir algo tan evidente»–. El problema, doctor, es que no quiere abrir la puerta...

—¿Sabe si hay alguien más en la casa?

—No hay nadie más. Al parecer vive solo desde hace muchos años.

—Malcome y tiene la casa llena de porquería –apostilló el vecino.

—Está bien, intentaremos convencerle para que abra la puerta.

Ambos me miraron con incredulidad.

—Luis –continué diciendo–, ¿puede abrirme, por favor? Me gustaría hablar con usted un momento...

—Pues ya lo está usted haciendo, señor. Y no crea que voy a abrir la puerta para que puedan conseguir sus malévolos fines. Y como ya dije antes, la inviolabilidad del domicilio...

Dejé que terminara de hablar. Comprendí que no sería fácil de convencer y que para hacerlo quizá habría que utilizar otras armas...

—Entiendo lo que dice, Luis –contesté siguiendo una repentina corazonada, una vez que terminó con sus argumentos–. Pero lo que no entiendo es que un hombre conocedor de las leyes y del derecho, y que se ampara con rigor y conocimiento en ellas, viole su último significado: la protección del individuo, escondiéndose detrás de una puerta sin dar la cara. Porque –proseguí, a pesar de la cara de asombro del policía y el vecino, y del riesgo de que me tomaran también por chiflado– si el estado de derecho en el que vivimos y convivimos garantiza algo es que un hombre, con la verdad por delante, no debe tener miedo a que ésta salga a la luz. Y a defenderla con todo al ahínco y las armas que la legalidad vigente provee a todos y cada uno de los ciudadanos que se encuentran bajo su amparo. Claro, eso sí –añadí–, a no ser que uno no tenga razón en lo que dice...

Se hizo un instante de silencio. De pronto se oyó un ruido de cerradura y la puerta se abrió de par en par para mostrar a un hombre mayor, de larga barba blanca y aspecto descuidado, que gritó:

—¡Yo no tengo nada que ocultar, señor mío! Y defenderé mi verdad, que es la única, total y absoluta, de esta intrincada situación, en todos los lugares que sea preciso, sea sala, juzgado o institución. ¡Que los culpables paguen en relación directa al perjuicio de sus actos!, que en este caso, es mucho.

Y acto seguido, ante la mirada de alivio de sus vecinos y de sorpresa del policía –y de mí mismo, por qué no reconocerlo–, nos acompañó con la cabeza alta y orgullosa, y sin mostrar la menor resistencia, a la ambulancia que habría de llevarle al hospital para ser valorado.

Como decía, llegó de madrugada, y no necesitó mucho tiempo para darse cuenta de que no le habían llevado allí para defender ninguna postura, ni para conseguir que se tomaran medidas judiciales contra sus vecinos. Y tampoco para percatarse de que aquel lugar no era ningún juzgado o sala, pero sí una institución, aunque no del tipo que él esperaba.

—¡Dios mío! ¡Si me han traído a un psiquiátrico! Esto confirma con claridad lo que durante tanto tiempo y con tanto ahínco vengo defendiendo: ¡están en mi contra y es más grave de lo que creía!...

Protestó airadamente y exigió ser devuelto «con la mayor urgencia posible» a su domicilio. Pero tras dar parte a los juzgados de que «el mencionado paciente precisa un estudio en profundidad y un más que probable tratamiento», el juez dio rápidamente su autorización para que quedara ingresado de forma involuntaria «todo el tiempo que los facultativos consideren necesario para asegurar la integridad física y mental de dicho paciente». Paciente del que su señoría, todo hay que decirlo, tenía sobrado conocimiento por las numerosas denuncias interpuestas por él y sus vecinos en los últimos meses.

La cuestión es que, a pesar de sus iniciales e innumerables quejas, Luis se percató pronto de que eran en vano y enseguida dejó de protestar, entregándose a una especie de expectante resignación.

Aunque había psiquiatras específicos en la planta de ingreso, por el hecho de haber sido yo el que le había internado, y por una mezcla de empeño y curiosidad personal, me hice cargo del tratamiento de Luis. Bien es cierto que podía haberlo rechazado y evitar esa responsabilidad extra, pero no lo hice. De esa forma, tenía que desplazarme con frecuencia del pabellón en el que estaba el hospital de día al de la planta de ingreso.

¿Me alejaba de manera inconsciente de algún lugar? ¿Acaso deseaba pasar menos tiempo en el hospital de día? ¿Pensaba que eso iba a facilitarme las cosas?

No era el momento de detenerme en aquellas cuestiones: tenía un paciente complejo que tratar, y éste precisaba de toda mi atención.

Durante los primeros días decidimos comenzar con un estudio exhaustivo de su condición física, antes de embarcarnos en determinar con precisión su estado mental. Bien era cierto que la posibilidad de que su extraño comportamiento se debiera de algún modo a alguna dolencia física no era en absoluto desdeñable. Pero, además, aquel hombre sobrepasaba sin duda los sesenta años, y su aspecto flaco y pellejudo revelaba varios meses de mala alimentación.

Con cierta dificultad, le extrajimos varias muestras de sangre y también de orina. Pero fue a la hora de realizar un escáner cerebral cuando descubrimos algo de Luis que nos sorprendió a todos...

—Luis, ya sé que no está de acuerdo con estar aquí, pero dado que las cosas tienen que ser de esta manera, vamos a aprovechar para realizar todas las pruebas posibles y descartar que tenga usted alguna enfermedad –dije a modo de introducción tratando de suavizar el tema–, y para realizar el escáner se necesita la total colaboración del paciente, ya que éste tiene que permanecer quieto durante un rato.

—No se ande usted con paños calientes, doctor –respondió sin disimular su sarcasmo–. Querrá decir que, de la misma forma que me tienen retenido en esta cárcel en contra de mi voluntad, van a disponer de mi cuerpo para toda suerte de pruebas y manipulaciones que a ustedes se les antojen. Pues quiero que sepa de antemano que no voy a prestarme a colaborar en sus experimentos de ninguna de las maneras. ¡La respuesta es no y mil veces no!

—No rechace de antemano algo que puede serle de gran utilidad. ¡Si ni siquiera sabe qué prueba es! Eso no habla nada bien de usted...

Traté de apelar a su inteligencia y para mi sorpresa se mostró curioso, lo que era bastante mejor que tenerlo radicalmente en contra.

—¿Y cuál es esa prueba que tanto puede ayudarme?

—Es un escáner cerebral.

—¡Eso era! –dijo con aire displicente–. Pues debe saber usted, doctor, que el ilustre Charles Richet, profesor de La Sorbona de París de 1887 a 1927, ya tuvo la ocurrencia tan torpe y brutal de meter su cabeza entre dos oscilantes magnéticos, sin resultado positivo alguno. ¡Así que no se moleste en prometerme beneficios inexistentes, de una prueba a todas luces absurda! ¡No colaboraré!

Y es cierto que no colaboró. Tuvimos que sedarle completamente para realizar el escáner. El resultado mostró una ligera atrofia cerebral, que podía considerarse normal en una persona de su edad. Pero lo más llamativo no fue lo que vimos en el escáner, sino lo que Luis comentó acerca de él: hizo referencia a un experimento de principios del siglo XX con un nombre y fechas precisas. Podía ser una ocurrencia absurda, una mezcla de datos inventados o confundidos. Pero no era así. Consultamos aquellos datos en el libro de historia de la medicina: «Charles Richet, fisiólogo francés, premio Nobel de medicina en 1913, director de...». ¡Era exacto! Pero si ese hombre era abogado, tal y como nos había dicho (y a tenor de su dominio del léxico legal nada hacía sospechar lo contrario), ¿cómo podía dar datos tan precisos de una disciplina tan alejada de la suya? Pronto descubrimos que, para nuestro asombro, no era la única disciplina de la que mostraba increíbles conocimientos.

—Hola, Luis, soy el neurólogo. Me han pedido que le explore. Le voy a mirar los reflejos con este martillito. No se preocupe, no es nada doloroso. Sólo es para cerciorarnos de que está usted bien.

—¿Le han pedido que me explore? ¿Y hace usted todo lo que le piden? Claro, ¡qué ingenuo soy!, usted también está implicado en este atropello, fruto de la más absoluta sinrazón humana... En fin, proceda, buen hombre. Ya he comprobado que en este lugar mis esfuerzos son inútiles...

El neurólogo golpeó con cuidado las articulaciones de Luis, ajeno a sus quejas. Finalmente, rascó con el mango del martillo la planta del pie de Luis buscando un reflejo particular...

—¡Vaya! –dijo Luis para sorpresa del médico–, me explora usted también el reflejo de Babinski; esa condición por la cual el dedo grande del pie se flexiona hacia la parte superior y los otros dedos se abren en abanico, cuando la planta del pie se frota firmemente. Es un reflejo normal en niños, pero es anormal después de los dos años de edad. ¿Sabía usted que Babinski lo descubrió un 22 de febrero de 1896? Curiosamente, es la misma fecha que la del incendio de la villa de Mantua por parte de los mambíes en Cuba...

Un paciente comentaba en una de las terapias de grupo:

—Lo he pasado muy bien en la salida del fin de semana. Fui al campo con mi hijo, a coger setas. Yo no tengo ni idea de setas, ¡ni él tampoco!, pero fue la excusa perfecta para volver a pasar un rato juntos. Fue estupendo...

—Si se me permite intervenir –decía entonces Luis–, le señalaré que me parece muy interesante la manera de obtener sentimientos gratificantes en torno a la relación con su hijo. Pero en mi obligación está advertirle que ésa puede ser una actividad francamente peligrosa: en este país existen hasta doscientas especies de setas que se consideran tóxicas, incluso algunas de ellas mortales. Hay que destacar siempre la *Amanita phaloides*, pero sin despreciar la *muscaria*, el *Boletus satanás*, el *Lactarius torminosus*, la *Russula emética*...

Y en otra ocasión:

—Últimamente me encuentro más cansado y no le encuentro una explicación. El tratamiento va bien y creo que pronto saldré de alta. Pero siento como una opresión en el pecho, e incluso a veces me cuesta respirar...

—No sabe –respondía Luis– cómo le envidio a usted por la posibilidad de una pronta salida de este centro represor de las voluntades y de los espíritus libres. Pero ahora que menciona esa sensación en el pecho, creo que podríamos sugerir a su médico que le realizara un electrocardiograma, para descartar que exista algún tipo lesión cardiaca. Los dolores precordiales pueden ser la antesala de una angina de pecho o incluso de un infarto...

Y tanto en médicos como en pacientes, la misma cara de estupefacción al recibir esas dosis de erudición masiva. Sí, era cierto que a todos nos admiraba escuchar hablar a Luis de aquella manera. Pero a nadie se le escapaba que todos esos datos fríos e impersonales ocultaban, en el fondo, una enorme dificultad para relacionarse con las demás personas a un nivel que no fuera el puramente intelectual.

Las analíticas dieron como único resultado un estado leve de malnutrición. Descubrimos que Luis había estado alimentándose fundamentalmente a base de latas de conserva, por un temor infundado a que «esa maldita bruja intentara envenenarme, al igual que a mis geranios...». Con una alimentación adecuada, y la paciencia infinita de las enfermeras para que comiera, podríamos revertir enseguida aquella situación.

Así, la causa de su trastorno no obedecía a ninguna alteración física. Tenía que tratarse de un trastorno mental. Nos dimos cuenta de que sólo disponíamos de los pocos datos que los vecinos nos habían proporcionado acerca de Luis. Aparte de decirnos que desde siempre había sido un vecino conflictivo, nadie sabía nada más de aquel extraño y solitario personaje. ¿Tenía familia? ¿Algún amigo? ¿En qué ocupaba su tiempo? ¿De dónde sacaba el dinero para vivir? En definitiva, la pregunta que yacía en el fondo de todo esto era: ¿quién era realmente Luis?

Decidimos trabajar en esa dirección. Los datos que encontráramos podían ayudarnos a determinar qué era lo que le ocurría y cuál sería la mejor manera de ayudarle. La asistente social investigó en su vecindario. Allí le comentaron lo que, más o menos, ya conocíamos: que vivía solo desde hacía veinte años, que nadie iba nunca a visitarlo a su casa, que por lo que ellos sabían no tenía familia alguna, que desde hacía algunos meses estaba dando muchos problemas en el vecindario y que, sobre todo, estaban completamente hartos de él.

—¿Y hace algo durante el día? –inquirió la asistente social, con poca esperanza de encontrar algún nuevo dato útil.

—Sale un rato todos los días –contestó una chica joven–. A veces vuelve con algunas bolsas. Latas de comida, algún libro...

—¿Libros? ¿Sabéis de dónde los trae?

—Creo que de un centro oficial que hay cerca del parque. Una especie de biblioteca o algo así.

No era una biblioteca, sino la sede del Colegio de Abogados. La asistente se dirigió allí sin dudarlo, y tras dar la descripción de Luis a un sorprendido recepcionista, éste le contestó:

—¡Pero si es Zapatones! Ya me extrañaba que pasara tanto tiempo sin venir por aquí. ¿Se encuentra bien? ¿Le ha pasado algo?

Aquel recepcionista conocía muy bien a nuestro singular paciente y nos aportó gran parte de los datos que estábamos buscando.

Luis o Zapatones, como todos le conocían allí, era un antiguo abogado. Era natural de otra provincia, y por lo que sabían, tenía, o había tenido en otros tiempos, un hermano viviendo allí. Su ficha de colegiación decía que era soltero y que no tenía hijos. Hacía muchos años que no ejercía, pero acudía al Colegio con regularidad, al menos desde que el recepcionista recordaba. Era un hombre callado y austero, y apenas hablaba con nadie. Se metía en la biblioteca y pasaba varias horas leyendo libros. Y no sólo de derecho, sino de muchas otras especialidades: física, botánica, medicina, arte...

—¡Ese hombre sabe de todo! Ya le digo que no habla mucho, pero si usted le pregunta algo, tenga por seguro que le dará una charla completa sobre el tema que usted quiera. A veces nos burlamos de él, pero aquí le tenemos mucho cariño, aunque no lo crea, es todo un sabio...

Nos contó también que percibía una escueta pensión que otorgaba el Colegio a los abogados con problemas económicos. Y sí, era cierto que en los últimos meses había mostrado un cierto deterioro físico, que achacaban a la edad, y le veían más huraño e irritable.

—Sabemos que no está bien. Nos cuenta a veces sus problemas con los vecinos, y nos enseña sus largos alegatos y recursos, que sabemos que nunca van a prosperar. En el fondo no es un mal hombre, no hace daño a nadie. Pero, dígame, ¿seguro que está bien? Nos daría mucha pena que le hubiera pasado algo...

En realidad, no le pasaba nada que pusiera en riesgo su vida. Más bien al contrario, aquellos días de ingreso iban a servir para recomponer su desgastado cuerpo e intentar poner remedio a una mente que empezaba a deslizarse por los terrenos de lo irreal. Pero él no lo veía así. Sentía que había sido encerrado de una forma injusta, y que se le estaba privando de su bien más valioso, su libertad.

Con alguna dificultad, habíamos conseguido reconstruir una parte importante de la vida de Luis, pero no era suficiente. Aún necesitábamos completar algunas pruebas y diversos tests, antes de establecer un diagnóstico preciso y tomar una decisión. Y por ello, para su desgracia, Luis debía permanecer más tiempo ingresado.

Nos costó mucho que colaborara con el resto de las pruebas médicas y que se adaptara a las rutinas. Ponía quejas e impedimentos para realizar cualquiera de las actividades diarias, incluida la comida, y le costaba sobremanera compartir el espacio y relacionarse con el resto de los pacientes. Pero el hombre es un animal de costumbres, y el hecho de percibir que se le otorgaba un cuidado constante (aunque no fuera deseado) ayudó para que sus protestas fueran cediendo en intensidad. Además, con el paso de los días, descubrimos algo que nos ayudó a ganarnos su confianza y colaboración: darle la posibilidad de sentirse útil mostrando sus vastos conocimientos. De esta forma, aceptaba mejor la comida si la enfermera le preguntaba con interés la composición química de los distintos alimentos; o se dejaba explorar más fácilmente si el neurólogo escuchaba atento un discurso interminable acerca de los reflejos neuromusculares. En esos momentos, su mirada se enfocaba al frente, buscando y extrayendo de su inmensa memoria sus infinitos conocimientos en las más diversas artes. Parecía no existir nadie más y podía estar ratos enteros sin parar de hablar, deleitándose en cada dato, en cada palabra. Porque en el fondo, no era el placer de ayudar o ser útil a los demás lo que le gratificaba. Él no hablaba para nadie. Las palabras salían de su boca, pero no esperaba destino alguno para ellas. La persona que estaba a su lado era tan sólo un espejo en el que podía percibir que, a pesar de todo ese tiempo en soledad, entre libros gastados y datos vacíos, su vida tenía finalmente un sentido.

Y aun con todo esto, ¿cómo era posible que aquel hombre fuera uno de los pacientes que más ternura despertaba en todos los que le conocían? Su actitud hosca y su dificultad para conectar con los demás podían hacer pensar que la gente le rehuiría o, simplemente, le ignoraría. Pero no era así; su aspecto de desamparo y profunda tristeza (que mostraba tan abiertamente como sus conocimientos), sus charlas interminables, su lucha decidida contra una causa perdida, o quizá una mezcla de todo ello, movían a la más profunda ternura y compasión. No era raro que los demás pacientes preguntaran cuándo saldría por fin de alta el viejo Zapatones. Y en más de una ocasión se solidarizaron con él, firmando al pie de sus interminables alegatos en los que exigía incansablemente, y con el más barroco léxico legal que pudiera imaginarse, «su inmediata puesta en libertad».

Pasaron los días, fugaces como un parpadeo para unos, y lentos y cadenciosos para otros. Luis comía, recuperaba peso, descansaba, y la medicación que le pautamos para intentar atenuar sus extrañas ideas de persecuciones y conspiraciones vecinales parecía hacer efecto.

—Puede que tenga algo de razón, doctor. A veces los sentidos pueden llevarnos a falsas interpretaciones, y quizá yo he podido confundir algunos datos respecto a mis vecinos. ¡Pero esto no mengua un ápice la valía de mis hondas y sinceras reivindicaciones de libertad...!

Y a pesar de todo ello, su dolor y su pena no disminuían, sino que parecían acrecentarse cada día que pasaba.

Sólo deseaba volver a su casa, donde había pasado los últimos veinte años encerrado entre cuatro paredes, rodeado de libros y sin apenas relacionarse con nadie. Pero eso había sido su vida, y eso era lo que quería seguir haciendo hasta el último de sus días.

Nos reunimos.

—Va a peor –dije–. Prolongar el ingreso no va a mejorarle más.

—Pero ¿qué podemos hacer entonces? Si dejamos que se vaya sin más, volverá a su vida anterior. Seguramente dejará el tratamiento, empeorará otra vez... Quizá lo más sensato es que vaya a una residencia.

—¿Y podemos pensar que en una residencia las cosas vayan a ser diferentes que aquí?

Era evidente que no. En cualquier otro lugar que no fuera su casa, Luis iba a sentir la misma falta de libertad.

—¿Y qué hacemos entonces?

Había que tomar una decisión, y eso fue lo que hicimos. No fue fácil, pero la amenaza de ver prolongado su ingreso por más tiempo hizo que Luis cediera ante el trato que íbamos a proponerle.

Utilizando el más abigarrado y extravagante lenguaje legal, redactamos un documento con todo el formalismo del que pudimos hacer gala. En él, se explicitaban los compromisos que se debían cumplir por ambas partes. Por un lado, el equipo médico del hospital se comprometía a un alta inmediata. Pero, para ello, Luis debía aceptar sin reserva alguna las condiciones del mencionado equipo, que eran las siguientes: una asistente social se encargaría de visitarle tres veces a la semana. Luis tenía que facilitarle la entrada a su domicilio y permitirle inspeccionar todo lo que necesitara. Esta persona se encargaría de comprobar su adecuada alimentación y se aseguraría de que tomara la medicación de una forma estricta. Luis se comprometía además a informarle de cualquier dolencia física que pudiera padecer, para ponerla en conocimiento inmediato de su médico. Debía asimismo referirle cualquier altercado o sospecha respecto a sus convecinos.

Por último, y no menos importante, debía enviar a la planta del hospital un escrito cada mes sobre un tema de interés general, que sirviera para ampliar los conocimientos tanto de los pacientes como del personal médico. En caso de incumplimiento de cualquiera de las mencionadas cláusulas, el hospital se reservaba el derecho de internarlo de nuevo, incluso en contra de su voluntad, para estudiar las causas que hubieran motivado dicho incumplimiento.

Luis se tomó tres días antes de dar su conformidad, no sin antes presentar varios alegatos modificando la mayor parte de las cláusulas (excepto la referida a sus tareas intelectuales), que fueron rechazados de forma expeditiva. La mencionada conformidad quedó finalmente reflejada en un acto solemne, estampando las firmas de todos los miembros del personal disponibles en ese momento, así como la de dos pacientes elegidos por el propio Luis, que actuaron a modo de testigos. Terminada la sesión de firmas, Luis, con cara de enfadado, se volvió lleno de dignidad y salió de la habitación sin decir una sola palabra, despidiéndonos con un sonoro portazo.

Aún tenían que pasar algunos días hasta que todo estuviera preparado para su marcha: el asistente social debía solicitar los permisos necesarios para asumir la tutela de Luis, y eso tardaba un tiempo. Justo el día antes de irse definitivamente, me uní a él en el paseo de la tarde. El hospital tenía un enorme jardín interior, y el recién estrenado otoño cubría el suelo con un suave manto de hojas, aún no del todo secas.

—¿Puedo caminar con usted, Luis?

—Como desee, doctor –respondió escueto, pero con un gesto de aceptación.

Paseamos en silencio durante unos minutos, en los que sólo se oía el roce de sus viejos y desproporcionados zapatos sobre el suelo.

—Luis –dije entonces–, ya hemos formalizado todos los papeles. Mañana nos deja. Podrá irse a su casa...

Aunque antes o después esperaba la confirmación definitiva de lo que tanto había anhelado, le cogió por sorpresa. Me miró y sus ojos se tornaron brillantes de la humedad. Y lejos de sus interminables y vacíos discursos, sólo pudo decir:

—Gracias, doctor. Muchas gracias.

—No me las dé a mí. Hicimos un trato, ¿recuerda?

Asintió con la cabeza y durante un rato seguimos caminando, ya sin hablar.

Casi sin darme cuenta, mi mente empezó a vagar por otros caminos ajenos a la persona que tenía a mi lado. Llevado por mis propios pensamientos, me encontré reflexionando sobre lo que me iba a suceder en el futuro inmediato. El lugar en donde había trabajado tantos años llegaba a su fin. «Unos deseando marcharse –pensé–, y otros en cambio...»

—Doctor –me interrumpió Luis de repente, causándome un ligero sobresalto–, parece usted preocupado por algo. ¿Se encuentra bien?

No pensé que se me notara.

—Lo cierto es que sí me preocupa algo, Luis –confesé–. A veces parece que las cosas nos desbordan, y uno tiene la sensación de que todo es demasiado grande...

En ese momento, una bandada de pájaros arrancó a volar de un árbol cercano, asustados seguramente por nuestra cercanía.

—¡Qué pájaros tan pequeños! —dije sorprendido por su tamaño, a la vez que trataba de cambiar el tema de conversación.

Entonces Luis se giró hacia mí y, con toda la ternura de sus cansados ojos, dijo:

—No, doctor. Esos pájaros, como todas las cosas, incluidas las que a usted le afligen, no son ni pequeños ni grandes. Tienen su justa medida.

Y continuó andando, dejándome allí parado. Y entonces me di cuenta de que ese hombre torpe y huraño, que había sido aparentemente incapaz de empatizar con nadie durante todo aquel tiempo, con una sincera frase, llena de sabiduría y sentido común, había aliviado mis pesares más que todo el consuelo del mundo.

Quizá el viejo Zapatones había aprendido más de lo que pensábamos durante su ingreso. Puede que el contacto con los otros y el cariño que recibió hicieran mella en su fachada de vacua erudición y abrieran una ventana a sentimientos largamente olvidados. No lo sabemos. Lo cierto es que Luis cumplió religiosamente con las condiciones de su «contrato» y dejó, con más facilidad de lo que reconocería nunca, que la asistente le controlara y ayudara en su cuidado. Y también envió, con escrupulosa puntualidad, sus largos escritos sobre temas complejos e intrascendentes que no dejábamos de leer con sumo interés.

18

El médico

«*La vida se me ha pasado en un suspiro*», pensó, y al instante siguiente ya no supo si la frase era suya o si la había escuchado en boca de alguno de sus pacientes. Eran tantos años viendo personas que con demasiada frecuencia se difuminaba la frontera entre lo propio y lo ajeno. Pero no importaba si era suya o no. Aquella frase encajaba a la perfección con lo que sentía en lo más profundo de su ser. Para ser sinceros, la sensación de fugacidad siempre había estado presente durante los últimos años, pero era ahora, ante la amenaza de un cambio tan radical, cuando se le aparecía con toda su crudeza.

Es curioso cómo la rutina nos proporciona la estabilidad que necesitamos, pero imbuidos en ella, el tiempo pasa vertiginoso, atropellando los días, los meses, los años... Y ahora él se encontraba en la tesitura de decidir si continuaba en la profesión que había llenado gran parte de su vida, o si la abandonaba para afrontar una nueva etapa llena de incertidumbre. Seguridad o cambio. *No valían ambas cosas y se veía obligado a recordar lo que tantas veces había dicho a sus pacientes: toda decisión implica una renuncia. No podemos tenerlo todo.*

En realidad, nunca se lo había planteado seriamente. No hasta que llegó aquella carta de la dirección del hospital diciendo que había alcanzado la edad suficiente para optar a una jubilación. Sintió un escalofrío al leer aquella palabra: jubilación. La había denostado y minimizado tantas veces...: «No se preocupe, es tan sólo una nueva etapa; la posibilidad de realizar todas las cosas que el trabajo no nos ha permitido. Disfrutar de...». Todo aquello, repetido a los otros en innumerables ocasiones, le sonaba ahora demasiado hueco.

De pronto le parecía una cuestión de vida o muerte: se trataba de dejar lo que había estado haciendo durante tantos años. Y entonces recordó sorprendido un tiempo en el que lo que ahora vivía como imprescindible ni siquiera se lo planteaba. Porque, en realidad, él nunca quiso ser psiquiatra.

La cirugía. Eso sí que era curar a la gente. Había un problema y uno podía solventarlo con sus propias manos. Sí, era en la cirugía donde más se podía tener la sensación de curar enfermedades. Miraba otras especialidades y encontraba demasiadas situaciones en las que el médico únicamente podía servir como compañero de viaje; de alivio o consuelo ante enfermedades que no tenían solución. Pero él no se conformaba con eso. Quería poder hacer más.

Quizá entonces no sabía que ese deseo suyo partía de la más absoluta inseguridad. El miedo a fallar, a ser impotente ante el sufrimiento ajeno, a reconocer que no somos capaces. Era un miedo que permanecía en él, oculto y negado en lo más profundo de su conciencia, encerrado en una caja aprisionada por la sensación de omnipotencia. ¿Y cómo había sido posible que él, que deseaba como nadie poder intervenir y curar con sus propias manos, acabara escogiendo la especialidad que implicaba aquello que más temía? La respuesta era fácil: alguien destapó aquella caja y le mostró a él y al mundo todo su contenido...

No se estudiaba psiquiatría hasta el quinto año de carrera. Para entonces tenía la sensación de que las cosas le estaban saliendo muy bien; le gustaba lo que hacía y tenía un buen currículum que le permitiría acceder a las mejores plazas. Pero lo más importante era que ya había decidido su especialidad.

Y de repente, todo cambió desde el mismo momento en que aquel viejo profesor –«casi anciano», como pensó nada más verlo–, entró en el aula para impartir su primera clase. Con una voz firme, que contrastaba con su cuerpo encorvado y frágil, dijo: «Señores, ustedes no vienen aquí para aprender nada, vienen a desaprender».

Y entonces, el viejo profesor les contó cómo un hombre lloró amargamente la muerte de un pájaro, porque lloraba en realidad lo que no pudo en el entierro de su padre, años atrás. Contó cómo la mente puede crear parálisis y cegueras imposibles, que se curaban mágicamente por sugestión hipnótica. Contó qué pasaba en la mente de don Quijote, asediado por mil delirios y alucinaciones. Habló de Freud, del psicoanálisis, de las terapias familiares, de los sentimientos, de la depresión, de las paranoias... Y de pronto, un universo fantástico se abrió ante él, y quedó sin darse cuenta irremediablemente atrapado en sus redes.

¿Qué podía hacer ahora? Él, que lo había tenido tan claro hasta ese momento, dudaba. Una especialidad como la psiquiatría, que tantas veces había despreciado por inútil –«los psiquiatras son como confesores... ¡No saben hacer otra cosa!»–, ahora le atraía y seducía sin remedio.

«Bueno –pensó–, quizá el destino me indicó de aquella manera la dirección que debía seguir». Si tenía que ser psiquiatra, no había problema. Estaba seguro de que también podría desarrollar todo su potencial en esa especialidad. Y de hecho, una vez superado el desconcierto inicial, empezó a sentir que había nacido para esa profesión.

Hasta que, otra vez, aquel viejo profesor hizo que cuestionara y «desaprendiera» lo que entonces creía tan seguro...

—Sé que habéis empezado a hacer algunas prácticas con pacientes –dijo al comienzo de una de las clases–. Me gustaría que hiciéramos un repaso de cómo se realiza una entrevista clínica... ¿Algún voluntario?

—Yo mismo –dijo el joven estudiante, con resuelta seguridad.

—Muy bien. Yo haré de paciente y me sentaré aquí. Inventaré una enfermedad y responderé a tus preguntas. Puedes empezar con la entrevista cuando quieras.

Y el entonces joven estudiante vio la posibilidad de poder lucir sus nuevos conocimientos delante de todos. Comenzó con las preguntas. La enfermedad que fingía el profesor era fácil, y eso le permitía avanzar en la exploración con total seguridad. Al terminar irradiaba satisfacción. No se había dejado un solo aspecto sin preguntar, y el caso quedaba completamente claro a los ojos de todos.

—¿Ha terminado ya? Muy bien, entonces ahora cambiaremos los papeles. Usted será el paciente, se sentará en mi silla y yo seré el médico. ¿Está listo?

El joven estudiante, que esperaba algún comentario sobre la entrevista, asintió algo confuso. Hizo lo que le dijo. Y entonces, aquel profesor comenzó la entrevista exactamente igual que él lo había hecho unos minutos antes: utilizó el mismo tono de voz, la misma postura corporal, las mismas preguntas, los mismos gestos y miradas, las mismas pausas... y de pronto el estudiante *pudo verse a sí mismo reflejado en aquel anciano. Y lo que vio no le gustó. Vio un médico altivo y distante, que le trataba como un objeto sin sentimientos. Vio a alguien prepotente y engreído que hacía preguntas cuya respuesta ya conocía, con el único fin de satisfacer su ego. Se sintió solo y desvalido ante aquella persona que le exploraba, y le entraron ganas de llorar. Porque aquella persona era, en definitiva, él mismo.*

Cuando el viejo profesor terminó, se hizo un silencio en el aula. El estudiante se mantuvo callado mirando al suelo, presa del desamparo y removido en lo más profundo de su ser. Entonces levantó la cabeza y se encontró con los ojos de aquel hombre que, tan sólo unos segundos antes, le había mostrado el contenido de una caja que creía suficientemente escondida y olvidada. Y con una ternura infinita, le puso la mano sobre el hombro y le dijo:

—Esto no es fácil. El camino de conocerse a uno mismo nunca lo es. Pero tratamos con personas y nosotros lo somos también. Recuerda lo que has sentido hoy. Si lo haces, tus pacientes nunca se sentirán igual.

Y acto seguido le mandó sentar y continuó su clase como si nada hubiera ocurrido. Pero al menos para una persona sí sucedió algo y lo que aprendió (o quizá lo desaprendió) cambió su destino para siempre.

Recordaba con tanto cariño a aquel viejo médico... Estaba seguro de que si no se hubiera cruzado en su camino, nunca habría sido psiquiatra. Sí, él fue el primer paso de un largo camino que recorrería por espacio de casi treinta años...

¡Treinta años! Le daba vértigo sólo pensarlo. ¿Cuántos pacientes habría visto durante todo ese tiempo? Muchos. «Demasiados», pensó fugazmente. Pero en realidad nunca lo eran. El paciente era en definitiva el centro de todo: traía todas las preguntas, *todas las dudas, toda la ansiedad y el sufrimiento. Pero también tenía todas las respuestas, aunque a veces estuvieran ocultas, disfrazadas o escondidas en lo más recóndito de su alma.*

Y cuando creía que ya lo sabía todo, que dominaba las técnicas y los registros para poder ejercer su profesión con talento, un nuevo paciente, un nuevo caso, un éxito o un fracaso inesperados le rompían los esquemas, haciéndole dudar de todo lo que sabía. Eran siempre los pacientes los que le impulsaban a cuestionarse, y le ayudaban a avanzar y mejorar día a día.

Volver a ellos una y otra vez, dedicarles esfuerzo, tiempo, energía, ganas... toda una vida. Pero ¿y él? ¿Qué había recibido él a cambio?

Palabras como sufrimiento, locura, suicidio, angustia, depresión, muerte... no eran para él palabras vacías. Era un ser humano, y como tal, toda la carga emocional de esas situaciones le afectaba. Sí, es cierto que había sabido construir una coraza para intentar evitar interferencias no deseadas y dar siempre la respuesta más objetiva y profesional. Pero no siempre funcionaba, y a veces había recurrido al apoyo y la supervisión de otros compañeros para soportar cargas y situaciones demasiado dolorosas.

Lo que sí sabía era que si pudiera volver atrás y tener la oportunidad de elegir de nuevo, hubiera escogido exactamente el mismo camino. Y lo hubiera hecho porque estaba seguro de que lo que su profesión le había aportado compensaba con creces todo el sufrimiento. Había ayudado a mucha gente. Lo había sentido en sus miradas y en sus gestos cuando le apretaban la mano o le abrazaban al despedirse después de un tratamiento exitoso. Aún recibía postales por Navidad de pacientes a los que había tratado hacía más de dos décadas...

De nuevo los años le devolvían la fugacidad del tiempo, pero de alguna manera le consolaba haber sido útil y pensar que, dentro de su pequeña parcela, había contribuido a mejorar el mundo de algunas de las personas con las que había tenido la suerte de tratar.

En esos momentos se imaginaba a sí mismo como el eslabón de una cadena interminable: «Si cada uno pudiéramos hacer feliz a las cuatro o cinco personas que tenemos a nuestro lado... Nada de grandes cambios, grandes hazañas o revoluciones. Tan sólo intentar hacer feliz a aquellos con los que convivimos y tratamos día a día». Pensaba sinceramente que ésa era la manera de cambiar el mundo. Y entonces, echando la mirada atrás, sentía que había cumplido con su parte.

Tampoco debía engañarse. La vanidad, el orgullo, el sentirse valorado... también le habían ayudado a mantenerse fuerte en los momentos difíciles, cuando las dudas le asaltaban y pensaba en abandonarlo todo. Pero ahora era diferente. No eran malos momentos. Al contrario. Había alcanzado su cumbre como profesional y se sentía más preparado que nunca para desarrollar con éxito su trabajo, disfrutando más y más con cada paciente. Entonces, una carta aséptica de apenas veinte líneas le recordaba que todo eso podía acabarse en cuestión de días...

«No seas tonto –le decían sus compañeros–, coge esa jubilación, ¡que ya has trabajado bastante!» Tenían razón. También existía un lado positivo en todo aquello. Descansar, levantarse sin prisa, evitar los problemas y conflictos de cada día... Por fin tendría tiempo para todo aquello que deseaba hacer: volver a nadar, viajar, dedicar más tiempo a sus hijos, y quizá comenzar ese maldito libro, cuya idea hacía años que le rondaba por la cabeza. Visto de esa manera no tenía mala pinta. Quizá su rechazo inicial había partido de los prejuicios que todos tenemos ante la jubilación: pensar que nos convertiremos en estorbos, que dejaremos de ser útiles a la sociedad...

¡Qué difícil parecía todo! Y qué consecuencias podía acarrear el hecho de equivocarse...

Toda decisión implica una renuncia. Había sido muy difícil para él tomarla, pero supo que tenía que hacerlo desde el momento en que recibió aquella carta.

Y finalmente, tras sopesar en unos segundos las vivencias de toda una vida, la tomó.

19

El fin

Hay días en los que a uno no le apetece levantarse de la cama. A veces, es nuestro cuerpo el que sabiamente se queja y nos exige un mayor tiempo de descanso. Parece decirnos: «¡Oye, que llevas mucho tiempo sin parar de maltratarme! Ya va siendo hora de que me dediques un poco de atención...». En otras ocasiones es la mente la que nos conmina a permanecer recostados, bajo el amparo infranqueable de las sábanas que todos, desde niños, conocemos tan bien. En esos casos se esconde el miedo a enfrentarnos con lo que sentimos demasiado grande, con nuestros temores y obligaciones, con el miedo al fracaso, a no poder y a vernos superados.

Aquel día no quería levantarme de la cama. No era por sentirme cansado físicamente, era algo fácil de determinar porque había sido el centro de mis pensamientos desde hacía varias semanas. En concreto, desde que llegó una carta de la dirección del hospital ofreciéndome la posibilidad de jubilarme.

Ahora simplemente había tomado una decisión y debía enfrentarme a ella con todas sus consecuencias.

Supongo que entonces fui consciente también de las consecuencias a medio y largo plazo, pero, de camino al hospital de día, sólo podía pensar en el momento en que tendría que comunicar mi decisión a los enfermos con los que llevaba varios meses trabajando. No era tanto a los compañeros de trabajo, sino a los pacientes.

Me imaginé sentándome en la sala de terapia de grupo y pidiendo entonces el turno para hablar primero. Seguramente todos me mirarían con cara de interrogación al ver que me saltaba la rutina e intervenía en primer lugar. Luego se sorprenderían al escuchar que el que hasta entonces había sido su médico iba a dejar su trabajo en el hospital de día. Se oirían algunas exclamaciones de sorpresa y algunas preguntas: «Pero ¿cómo? ¿Es eso verdad? ¿Hoy es el último día? ¿Es en serio?». Entonces verían mi expresión grave y triste, y notarían en mi tono de voz que no les estaba engañando. «Sí, así es, éste es mi último día. No debéis preocuparos –diría a modo de consuelo–, enseguida vendrá otro profesional que me sustituirá y...» Habría, quizá, algunos momentos de desconcierto, algunas protestas. Unas sinceras, por lo doloroso de la separación, otras causadas por la incomodidad de tener que contar la misma historia de nuevo a otro médico. Algún paciente diría «gracias», «buena suerte», o «te deseo lo mejor»; y otro, «me hiciste bien», o «te echaremos de menos». «Y yo a vosotros también», diría yo, dejando resbalar las lágrimas desbordadas por mis mejillas...

Seis meses más tarde:

—¡Me cago en la leche! ¿Otra vez igual, Julián? Anda, vente para aquí, ¡que te he dicho mil veces que la medicación no la puedes dejar de tomar!

—Pero doctor...

—¡Ni doctor ni nada! Quiero ver a tus padres mañana.

—Está bien, se lo diré...

«Será posible —pensó—. Siempre la misma historia. Pero quién me mandaría a mí aceptar este puesto en el nuevo centro. Si es que tenía que haber cogido la maldita jubilación...»

Y en aquel preciso momento, mientras se quejaba y maldecía, la enfermera que le acompañaba hubiera jurado que en su cara se esbozaba algo muy parecido a una sonrisa.

Índice

1- Arturo, el Perseguido 9

2- Jilio, la Estatua consciente 29

3- El hospital de día 37

4- Francisco, el Simple 45

5- Cristina, la Rara 57

6- Carlos, el Desgraciado 75

7- La historia de la *bicha* 91

8- Victoria, la Diabética adolescente 99

9- Manuel y su secreto 111

10- Armando, o los actores secundarios 125

11- Las familias, o la curiosa historia de Alberto y su madre 133

12- Marisa, la Anfetamina 143

13- Una guardia «terrorífica» 153

14- Olga, la Acróbata 173

15- Yatrogenia 181

16- Óscar, el hombre del puro 207

17- Zapatones, el Loco sabio 221

18- El médico 241

19- El fin 249